中等职业教育

改革创新

系列教材

新媒体文案写作

慕课版

黄永明 赵婷 何牧

主编

官辛华 祝维亮

副主编

人民邮电出版社

北京

F I N A N C E A N D T R A D E

图书在版编目（CIP）数据

新媒体文案写作：慕课版 / 黄永明，赵婷，何牧主编. -- 北京：人民邮电出版社，2024.5
中等职业教育改革创新系列教材
ISBN 978-7-115-63653-9

Ⅰ. ①新… Ⅱ. ①黄… ②赵… ③何… Ⅲ. ①传播媒介－文书－写作－中等专业学校－教材 Ⅳ. ①G206.2

中国国家版本馆CIP数据核字(2024)第023480号

内 容 提 要

本书系统地介绍了新媒体文案写作的相关知识，包括新媒体文案写作的基础知识，以及电商产品文案、微博文案、微信文案、社群文案、今日头条文案、短视频文案、直播文案的具体写作方法。本书采用项目任务式体例，知识全面、结构清晰、实用性强，在讲解基础知识的同时，还注重实际操作能力的培养，充分满足中等职业教育教学需求。此外，本书还配有丰富的配套资源。

本书可以作为中等职业学校电子商务、市场营销等专业相关课程的教材，也可以供有志于从事新媒体及相关行业的人士学习、参考。

◆ 主　　编　黄永明　赵　婷　何　牧
　　副 主 编　官辛华　祝维亮
　　责任编辑　侯潇雨
　　责任印制　王　郁　彭志环
◆ 人民邮电出版社出版发行　　北京市丰台区成寿寺路 11 号
　　邮编　100164　电子邮件　315@ptpress.com.cn
　　网址　https://www.ptpress.com.cn
　　北京天宇星印刷厂印刷
◆ 开本：787×1092　1/16
　　印张：12.5　　　　　　　　2024 年 5 月第 1 版
　　字数：230 千字　　　　　　2025 年 2 月北京第 2 次印刷

定价：42.00 元

读者服务热线：(010)81055256　印装质量热线：(010)81055316
反盗版热线：(010)81055315

FOREWORD

前 言

党的二十大报告提出："培养造就大批德才兼备的高素质人才，是国家和民族长远发展大计""完善人才战略布局，坚持各方面人才一起抓，建设规模宏大、结构合理、素质优良的人才队伍"。教育部发布的《中国职业教育发展报告（2012—2022年）》明确指出："职业教育是国民教育体系和人力资源开发的重要组成部分""职业教育肩负着培养多样化人才、传承技术技能、促进就业创业的重任，为支撑国家产业结构转型升级、推进中国制造和服务的水平、保障民生等方面做出了突出贡献"。

为培养更多技能型人才，提升中职新媒体文案写作课程的教学质量，我们从中职学生未来可能从事的工作岗位出发，以实际需求为导向编写了本书。本书采用理论和实践相结合的方式介绍新媒体文案写作的相关知识，为中职学生未来成为新媒体文案技能型人才提供理论知识和实践技能指导。本书具有以下特点。

1. 情境引入，生动有趣

本书内容在工作场景中展开，以初学者学习新媒体文案写作的情境引入各项目的教学主题。该情境贯穿项目实施的过程，以便让学生了解相关知识点在实际工作中的应用。情境中角色的设置如下。

小艾——对新媒体文案写作感兴趣的初学者。

李经理——小艾的领导，对新媒体文案写作有较深入的研究，不仅传授小艾新媒体文案写作的知识，还经常为小艾答疑解惑。

2. 丰富实训，操作明确

本书设有"动手做"小栏目，让学生可以在学习理论知识后动手实践，在实践中加深对理论知识的理解。每个项目末尾安排了1～2个"同步实训"，让学生可以练习具体的操作，提升职业能力。本书在每个项目知识讲解结束后，还安排了"课后习题"，题型包括单选题、多选题、判断题，帮助学生对项目涉及的知识点进行巩固。

3. 融入素养提升的相关内容

本书在内容布局、案例选取和栏目设计等方面融入了素养提升元素，有助于培养学生遵纪守法、诚实守信的良好品格，树立学生的职业道德和文化自信，让学生意识到新媒体文案应致力于传递正确的价值观。

4．配套资源丰富

本书提供PPT、课程标准、视频、电子教案、题库、课后习题参考答案等教学资源。用书教师可以通过人邮教育社区（www.ryjiaoyu.com）免费下载。

本书由黄永明、赵婷、何牧担任主编，官辛华、祝维亮担任副主编。由于编者水平有限，书中难免存在不足之处，恳请广大读者批评指正。

编者

2024年4月

CONTENTS

目 录

项目一
新媒体文案写作基础

情境创设

　　小艾是一家商务公司的新员工。一天，她与李经理聊天时提到自己以前在微信朋友圈里卖过零食，但销量不佳，只能放弃。李经理听后，看了小艾为卖零食而发布的微信朋友圈文案，指出问题可能出在文案上。李经理继续解释，好的文案能吸引用户关注、促使用户下单，目前很多商家都会在微信、微博等平台发布文案，这种文案叫作新媒体文案。

　　小艾看出李经理对新媒体文案十分有研究，就告诉李经理自己对这方面很感兴趣，恳请李经理带着她学习。

知识目标

1. 熟悉新媒体文案的含义、特点、载体和分类。
2. 掌握新媒体文案写作的学习方法。
3. 掌握文案写作基础知识。

能力目标

1. 能够制订适合自己的新媒体文案写作学习计划。
2. 能够灵活运用写作的基本方法初步写作新媒体文案。

素养目标

1. 直面人工智能时代的变革，提升自己的创造力和洞察力。
2. 克服写作心理障碍，不畏惧写作中的困难和挫折。

任务一 认识新媒体文案

任务描述

小艾虽然关注过一些品牌的微博账号，但不了解什么是新媒体文案，新媒体文案有什么特点，都发布在哪些平台。于是，李经理开始向她介绍新媒体文案的基础知识。

任务实施

（一）新媒体文案的含义与特点

小艾有个疑问：到底什么是新媒体？李经理告诉小艾，新媒体是相对于传统媒体而言的。传统媒体包括电视、广播、报纸和杂志，而新媒体则是随着计算机网络及数字技术发展而兴起的新兴媒体，包括微信、微博、今日头条等。新媒体文案可以简单理解为在新媒体平台上发布的用于推广产品、服务或品牌的内容。

新媒体文案是在当代社会环境的变革下发展出来的一种文案类型，它更符合现代人的阅读习惯，也更能适应新媒体传播的需要。其写作方式也与传统媒体文案有所不同。新媒体文案主要有以下特点。

1. 成本低

相比于传统媒体文案，新媒体文案的发布成本更加低廉。商家可以通过各种渠道免费发布新媒体文案，通过输出优质的内容吸引用户关注，或者通过引起用户共鸣来促使用户主动传播文案。商家还能够及时获得用户的反馈，增加彼此之间的互动，引发讨论或形成话题。如果互动的范围较大或讨论的话题具有一定的热度，还能促进宣传与营销，达到事半功倍的效果。

2. 多媒体化

随着移动互联网和相关技术的普及，新媒体文案越来越趋向于多媒体化。除了传统的文字和图片外，越来越多的平台开始采用音频、视频、直播和增强现实（Augmented Reality，AR）、虚拟现实（Virtual Reality，VR）等多种内容呈现方式。多媒体化的新媒体文案具有更强的表现力和趣味性，信息的展示也更直观，视觉冲击力更强。

3. 时效性强

在移动互联网环境下，信息的传播与更新速度快，人们也热衷于追逐新鲜的信息与话题。在这样的背景下，新媒体文案往往会融入时事、热门话题、网络流行语等以吸引用户关注，这就使得新媒体文案具有很强的时效性。但是一旦相关信息过时，新媒体文案就很难打动用户。

4. 定位精准

随着大数据等相关技术的成熟，各大新媒体平台都开始在分析用户行为数据的基础上，根据用户的个人喜好来为用户推荐其感兴趣的内容，实现了个性化推荐。在这样的大背景下，新媒体文案逐渐呈现出定位精准的特点，文案人员写作新媒体文案时还会以目标人群的需求和内容偏好为出发点，并且融入目标人群关注的关键词。

5. 互动性强

新媒体文案多发布于社交、娱乐及资讯平台上，用户可以自由发表评论，发布者可以回复用户的评论，与用户进行交流、互动，这就使新媒体文案的传播不再是单向的。此外，新媒体文案中还可以设计问卷调查、投票或其他各种活动（如打卡、抽奖等），引导用户提供意见、参与活动，或通过新媒体平台分享文案，商家可以以此来提升新媒体文案的互动性和用户参与感，建立与用户的积极、有趣的互动关系。

👤（二）新媒体文案的载体

李经理继续说，新媒体文案可以发布在很多平台上，这些平台是新媒体文案发布和传播的载体。

1. 电商平台

当前电商平台上的竞争比较激烈，商家会通过有吸引力的文案来争取用户、促使用户购买产品。电商平台的产品标题、产品详情页文案、产品主图文案等都属于新媒体文案。

2. 微信

微信是一款社交软件，是具有社交功能、信息分享功能和信息接收功能的新媒体平台。微信目前拥有海量的活跃用户，商家可以通过微信朋友圈发布文案，也可以通过微信公众号来进行产品或品牌的宣传推广。

3. 微博

微博是一个基于关注机制分享简短实时信息的社交平台，能够以文字、图片、话题、视频等媒体形式实现信息的即时分享和传播互动。很多商家都会注册官方微博账号来更新产品或品牌动态、与用户互动等。

4. 短视频平台

随着短视频的兴起，一批新兴短视频平台开始涌现，如抖音、快手、西瓜视频等。很多商家会制作短视频来传递营销信息，而这往往需要借助短视频文案。

5. 直播平台

观看直播也是主流的娱乐方式，目前主流的直播平台主要有点淘、抖音、快手、虎牙等。直播是商家广泛采用的营销方式，优质的直播文案有助于提升直播营销的效果。

6. 社群

社群以社交文化为基础，基于移动网络和社交工具，拥有自己特定的表现形式。常见的社群有微信群、微博粉丝群、小红书粉丝群等。商家可以建立自己的社群，在社群中发布文案、与用户互动，并进行用户管理与维护。

7. 今日头条

今日头条是字节跳动旗下的通用信息平台，内容涉及热点、财经、科技、娱乐、数码、美食、旅游等方面。商家可以通过今日头条发布可读性较强的文案，借助优质的内容吸引用户。

8. 小红书

小红书是一个生活方式分享平台，用户可以在小红书上发布笔记分享自己的生活。小红书平台融合了社交媒体和电商元素，用户不仅可以在小红书上分享自己的生活、购物心得，也可以直接购买产品。在小红书上，文案非常重要，优秀的小红书文案可以直接促进产品的销售。

（三）新媒体文案的分类

　　小艾听后查看了华为品牌发布的新媒体文案，发现其在淘宝旗舰店的文案主要是介绍产品卖点，而在微博发布的文案多是介绍华为公司动态。李经理说这很正常，新媒体文案有很多种类，不同种类的新媒体文案有不同的功能。根据功能的不同，新媒体文案可以分为销售文案、品牌文案和推广文案 3 种类型。

1. 销售文案

　　销售文案是指文案发布之后能够带来销量的文案，如全面介绍产品信息的产品详情页文案（见图 1-1）、吸引用户眼球的产品主图文案（见图 1-2）、传递促销信息的产品促销文案（见图 1-3）等。销售文案一定要能激发用户的购买欲，引导用户产生购买行为。

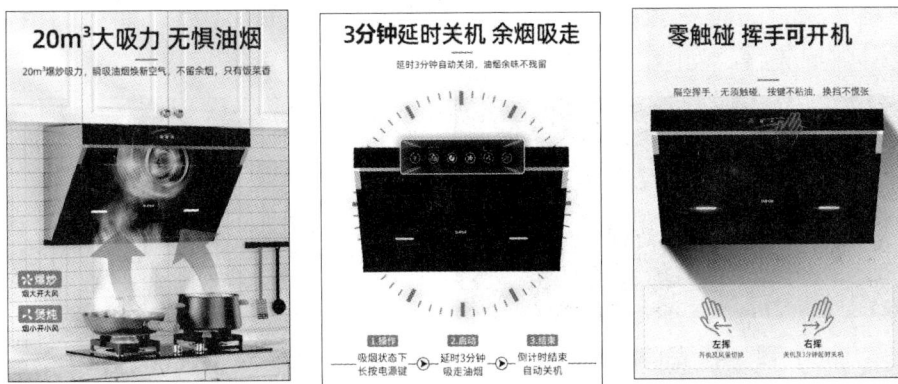

图1-1　抽油烟机详情页文案

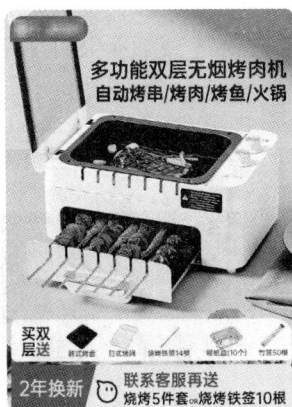

图1-2　产品主图文案

图1-3　产品促销文案

2. 品牌文案

品牌文案是用于树立品牌形象、推广品牌产品的一种文案。品牌文案往往不直接促进产品销售，但能加深用户对品牌的印象，增强用户对品牌文化及品牌理念的认同，从而使用户转变为忠实客户。品牌文案包括品牌口号（如溜溜梅——"没事就吃溜溜梅"）以及品牌故事（见图1-4）两类。品牌口号简洁明快、朗朗上口，有助于传播；品牌故事则情感深厚、引人入胜，通过与用户建立深层次的情感联系，提升用户对品牌的忠诚度。

3. 推广文案

企业为了推广并宣传产品、品牌或服务，往往要借助各种网络平台，如目前较为主流的微博、微信等，在这些网络平台上创作并发布的文案通常被称为推广文案。

虽然不同平台中文案的写作方法和表现形式有所不同，但这些文案都是通过有吸引力的内容来吸引用户，将产品的特性、功能或品牌态度展示给用户，让用户对产品、品牌或服务产生好感。有些文案还借助热点，如热门事件、节日等吸引用户关注，如图1-5所示。

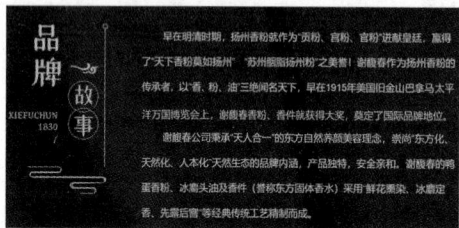

图1-4　品牌故事

图1-5　百度网盘的推广文案

动手做

判断新媒体文案的类型

请判断以下新媒体文案的类型，并将其与对应选项连线，如图1-6所示。

品牌文案

推广文案

销售文案

图1-6　新媒体文案的类型

任务二　新媒体文案写作的学习方法

任务描述

小艾听了李经理对新媒体文案的初步介绍，对新媒体文案更感兴趣了，决心要在李经理指导的基础上，深入学习新媒体文案的写作方法。

任务实施

（一）制订学习计划

李经理说，学习首先要制订计划。具体来说，首先要明确自己在文案领域的具体学习目标，如熟练掌握文案写作技巧，能快速完成文案写作，能写出有新意、有吸引力的文案，等等。其次，要评估自己的知识和技能水平，找出自己的强项和有待提升的方面，具体可以通过回顾自己过去的学习和实践经历进行评估。最后，根据学习目标和评估结果，制订一个合理的学习计划，将学习计划分解为具体的阶段，并为每个阶段设定明确的学习任务和时间安排。表1-1所示为某文案人员制订的学习计划。

表1-1　学习计划

时间阶段	学习内容
阶段1	基础知识学习（2周）
第1周	阅读一本入门级的文案写作书，如《文案写作入门指南》
第2周	学习基础写作知识，包括句子结构、段落组织和语法等
阶段2	文案写作策略和技巧学习（4周）
第3~4周	熟悉文案的基本写作策略和技巧，掌握吸引用户注意力和唤起用户情感的方法
第5~6周	学习产品介绍和品牌故事写作，练习撰写简单的文案
阶段3	实践和反馈（6周）
第7~8周	选择感兴趣的主题或产品，撰写一份完整的文案，并寻求他人反馈
第9周	积极寻求反馈和指导，向导师或行业内其他专家请教，并进行文案的评估和改进

续表

时间阶段	学习内容
第10~11周	继续实践并拓展文案写作行业和领域，尝试撰写不同行业和领域的文案
第12周	总结和回顾学习成果，制订下一阶段的学习计划

（二）培养创意思维

李经理接着说，好的文案离不开文案人员的创造力，而创造力又与创意思维有直接关系。运用不同的创意思维写出不同角度的文案，可以实现创新，为文案添彩。创意思维包括以下几类。

1. 发散思维与聚合思维

发散思维也称扩散思维、辐射思维，是指从已有的信息出发，尽可能向各个方向扩展，不受已知或现存的方式、方法、规则和范畴的约束，以衍生出不同的新的设想、答案或方法的思维方式，简单来说就是从"一"到"多"。进行发散思维需要有丰富的想象力，常用的发散思维方式及其示例如图1-7所示。

图1-7 常用的发散思维方式及其示例

聚合思维又称求同思维，是指从已知信息中产生逻辑结论，从现有资料中寻求正确答案的一种有方向、有条理的思维方式。它与发散思维正好相反，是从"多"到"一"。例如，科学家在科学试验中，要从已知的各种资料、数据和信息中归纳出科学的结论；公安人员破案时，要从各种迹象、各类被怀疑人员中发现作案人员和作案事实；等等。聚合思维体现在文案写作中的典型例子就是从众多的产品信息里提炼核心卖点。例如，有关某智能手表的信息是多种运动模式、高清触控屏、强大处理器、长久续航、智能语音助手、防水防尘、设计时尚、健康监测等，运用聚合思维可以从众多信息中提炼出核心卖点——全面助力健康生活。

2. 顺向思维与逆向思维

顺向思维是指按照传统的从上到下、从小到大、从左到右、从前到后、从低到高等常规的方向进行思考的方式。顺向思维应用到文案中，能给人因果关系明确、有理有据的感觉。例如，某消毒液的文案"温和配方，贴身衣物都能用"就应用了顺向思维，从配方温和推出贴身衣物都能用，符合正常的逻辑。

然而，顺向思维也有局限性，因为人们对其已经习以为常，所以文案缺少冲击力。此时就可以使用逆向思维。逆向思维是对人们几乎已有定论的或已有某种思考习惯的事物或观点进行反向思考的思维方式。逆向思维敢于从问题的反面进行探索，从而找出新创意与新想法。使用逆向思维写作的文案可能带给用户眼前一亮的感觉。例如，文案"自从用了××购物平台，就多了一个毛病——选择困难症"就应用了逆向思维，与宣传"带来幸福"的常规思维相反，宣传该购物平台带来"选择困难症"，实际突出的是购物平台产品的多样性。

👤 （三）积累素材

小艾回忆起自己以前写作文时老是没话可说。李经理说，所谓"巧妇难为无米之炊"，写文章、文案都得先有"米"，即素材。素材积累得多，写文章、文案才会有灵感，内容才会充实。

积累素材的途径很多，可以通过阅读并做读书笔记、关注行业网站并收集案例积累，也可以通过参加社群活动和行业活动、随时记录生活点滴积累。

1. 阅读并做读书笔记

俗话说"读写不分家"，这表明阅读和写作有密切关联，一般文笔好的人阅读量也较大。阅读的范围包括书籍、报刊、优质的网络文章等。通过阅读积累素材的具体方法主要是做读书笔记，具体有以下几种形式。

（1）摘抄。摘抄文章中的名言警句或精彩的片段（如好的开头、结尾）。

（2）归纳。归纳文章的主要内容或各部分的小标题。

（3）评价。对文章的内容或写作手法进行点评，写出自己的阅读心得、体会。

图 1-8 所示为《论语》第一章读书笔记示例。

书名	《论语》
作者	孔子及其弟子
章节	第一章 学而
摘抄	学而时习之，不亦说乎？
归纳	《学而》是《论语》的开篇，强调了持续学习和实践的重要性，并提及了许多有关为人处事、道德修养和教育的观点
心得	《论语·学而》这一章强调学习的乐趣和满足感，并鼓励我们将学习贯穿于日常生活中。通过阅读这一章，我明白了保持良好学习心态的重要性，它启示我在今后的学习中不断积累知识，提升个人的道德修养

图1-8　读书笔记

📎 **经验之谈**

做读书笔记时，如果是纸质书，可以直接写在书上，然后拍照整理，也可以用扫描全能王等App识别相关段落文字，将文字复制整理到有道云笔记或Word文档中；当然，如果是电子书或网络文章，就可以直接复制、粘贴、整理相关内容。

2. 关注行业网站并收集案例

文案人员可以定期关注数英网、TopMarketing、TOPYS等文案行业网站，这些网站会定期盘点各大品牌的优秀文案（见图1-9），文案人员可以收集自己感兴趣的文案案例，并分析它们的结构安排、语言运用和情感表达，以便在需要时借鉴和参考。

奥迪超6A，元气森林不甜，京东电器大爆【案例挖掘机】	对考生说说心里话？请查收品牌高考特辑【案例挖掘机】	抚慰情绪，鼓励童趣，六一专场不止儿童【案例挖掘机】
2023.06.15　196浏览	2023.06.09　486浏览	2023.06.04　659浏览

图1-9　文案盘点

3. 参加社群活动和行业活动

文案人员可以积极参加与自己的领域相关的社群活动和行业活动，与其他文案人员和专业人士进行交流，分享经验、观点和资源。在交流中，文案人员有机会了解他人的创作思路和技巧，从中获取灵感和素材。

4．随时记录生活点滴

有句话说，艺术来源于生活。其实，生活本身就是一座取之不尽的素材宝库。例如，朋友的经历、大自然的美景、同事谈论的段子、认识新朋友时内心的感受等都可以成为鲜活的、真实的素材。因此，文案人员要做一个有心人，随时记录生活中的各种事情，以及自己对此的感想、想法和创意，避免错失这些宝贵的素材。

> **经验之谈**
>
> 文案人员要及时将积累的素材整理成一个系统的文档或文件夹，并按照不同的主题、行业或文案类型进行分类，方便以后查找和参考。此外，文案人员还要定期回顾，删除过时、老旧的素材。

（四）人工智能生成文案

小艾听说现在的人工智能（Artificial Intelligence，AI）很厉害，已经能够为人类完成很多工作。李经理点头表示同意，并说随着人工智能技术的成熟和普及，它在新媒体文案写作中也得到了广泛的应用。基于大数据和自然语言处理技术，人工智能可以自动生成文案，为文案人员的写作提供参考或灵感，提高文案的写作效率。目前在新媒体文案写作上应用广泛的人工智能工具有文心一言，以及一些开发了人工智能写作功能的综合性网站，如5118。

1．文心一言

文心一言是一款基于人工智能技术的自然语言生成模型，用户可以向其提问或提出要求，文心一言会做出回应，因此用户可以要求文心一言写作新媒体文案。

一般而言，用户提问的质量直接关系到文心一言回答的质量。清晰、准确、完整的问题能够帮助文心一言更好地理解用户意图，提供更准确的回答。对于新媒体文案写作而言，文案人员做好以下几点，有助于文心一言写出高质量的新媒体文案。

（1）提供明确的指导。提问时明确告知文心一言自己需要一篇新媒体文案，可以指定主题、产品或品牌，并附上相关背景信息。

（2）提供详细的要求。说明新媒体文案的目标人群、所需传达的信息、期望得到的情感效果等，这样可以帮助文心一言更好地理解写作需求。

（3）提供上下文信息。如果有特定的市场环境、竞争对手或行业趋势等信息，可以提供给文心一言，帮助文心一言更准确地写作与现实情境相关的新媒体文案。

（4）使用示例或模板。如果有类似的新媒体文案示例或者模板，可以在提问中提供，以便文心一言参考并基于其结构和风格进行创作。

（5）指定文案风格和语气。如果文案人员有特定的新媒体文案风格（如幽默、正式、亲切等）偏好或希望传达特定的情感（如激励、愉悦、紧迫等），可以告知文心一言。

（6）与文心一言互动。如果文心一言生成的新媒体文案不完全符合要求，可以进行追问、澄清或提供更多信息，以获得更好的结果。

图 1-10 所示为让文心一言按要求自动生成新媒体文案并修改的对话，对话中提问者首先给出了新媒体文案涉及的产品信息以及具体的写作要求，文心一言回答后，提问者提出了修改意见，文心一言再次生成新媒体文案。

2. 5118

5118 是一个综合性的服务网站，提供关键词挖掘、文案写作、数据查询等功能。不同于文心一言的自由对话模式，5118 的新媒体文案写作工具需要文案人员先按照规定的格式输入写作要求和相关信息（如产品名称、卖点等），再生成指定类型的新媒体文案（如小红书文案等）。图 1-11 所示为 5118 自动生成营销文案的页面。

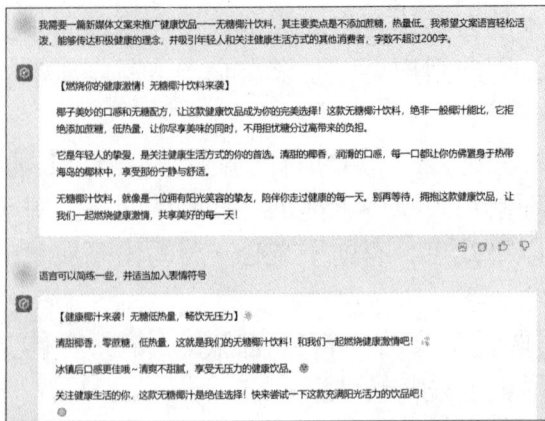

图1-10 文心一言自动生成新媒体文案　　图1-11 5118自动生成营销文案的页面

素养小课堂

人工智能辅助文案写作并不意味着以后不再需要文案人员。人工智能善于逻辑性地分析、表达，但文案写作还需要创新和共情，这些都是人的优势所在。人工智能的普及可以让文案人员将精力放在更有创造性的工作上，而文案人员也要积极应对这种趋势，提升自己的创造力和洞察力。

（五）文案写作练习

小艾试了一下，感觉下笔还是很难。李经理说不要气馁，文案写作需要练习，熟能生巧。具体来说，文案人员可以通过以下方式练习文案写作。

1. 模仿和改写

在开始阶段，文案人员可以选择一些自己喜欢的文案，试着模仿其风格和结构，通过更换产品、主题等方式改写成自己的文案。例如，原文案是"闻一下洗发水的味道，就像置身于雨后的树林中"，改写后的文案是"喝一口汽水，就像夏日傍晚漫步在海边吹着海风"，改写文案时模仿了原文案的修辞手法，但更换了产品，并把描述对象从嗅觉换为味觉。

同时，也可以挑选一些不太成功的文案，尝试改写成更吸引人的版本，锻炼自己的语言和创意能力。例如，原文案是"这款洁厕宝容量超大，很耐用"，改写后的文案是"这款洁厕宝能用120天"，原文案表述过于抽象，而改写后的文案更直观。

2. 快速写作

文案人员可以为自己规定一个时间范围，在此期间尽可能快速地完成一篇较短的文案，以提高写作速度和思维敏捷度。注意写作时不要追求完美，重点是锻炼自己的思考和表达能力。

3. 模拟场景写作

待写作稍微熟练后，文案人员可以模拟一些场景，尝试撰写适合该场景的文案。例如，假设自己是一名化妆品公司的文案人员，需要为一款目标受众为一、二线城市年轻女性的粉底写作产品宣传文案。文案的篇幅不需要太长，内容也不需太复杂，但要保证语言简洁、表达准确、逻辑清晰、有吸引力。

写完后，还要反复地检查和修改。检查时从别人的角度看待自己写的文案，以发现文案中可能存在的缺陷和漏洞。修改时，要删减多余的内容，修改复杂的描述，确保文案直观、重点突出，以提高文案的流畅性、合理性，使文案更有吸引力。

素养小课堂

　　新手在写作文案时可能会缺乏自信，怕写得不好而难以下笔或者写作进度很慢，这是新手常见的问题。要克服它，文案人员首先要摆正心态，明白文案写作是一个循序渐进的过程，只要勤于练习一定会有所提高；其次要正确看待文案写作过程中遇到的失败和挫折，将失败和挫折视为学习的机会。

任务三　文案写作基础知识

任务描述

　　小艾找出了自己以前写的作文，让李经理看看自己的写作功底。李经理看后发现有不少语言表达上的错误，包括词语搭配不当、标点符号使用不当等。于是，李经理便仔细为小艾讲解文案写作的基础知识。

任务实施

（一）词

　　李经理说，文案是由句子组成的，而句子又是由一个个词构成的，因此词是文案的基础。严格来说，词是指一定的语音形式与一定的意义结合而成的可以独立运用的最小语言单位。词的种类很多，较重要的有名词、动词、形容词和副词。

1. 名词

　　名词是指用来表示人、物、地方、抽象概念等事物名称的词语。它能够帮助文案人员清晰地指称某些事物，增强文案的表达力，常见的例子是描述产品本身（如煮蛋器、凉糕粉）或产品构成（如蓝牙耳机的充电仓）。在文案中，应多用表示具体事物的名词，如车、帽子、沙发等；少用表示抽象概念的名词，如友谊、幸福等，以增强文案的直观性。

拓展阅读

其他词的用法

　　在文案中，名词可以与其他词搭配使用，起到不同的作用。

　　（1）名词可以与形容词或副词搭配，以突出产品或服务的特点或属性，如"高性能（形容词）处理器（名词）""设计（名词）时尚（形容词）"等。

　　（2）名词可以与动词搭配，以描述产品或服务的功能或带来的效果，如"提高（动词）效率（名词）""改善（动词）睡眠（名词）""增强（动词）体验（名词）"等。

2. 动词

动词是表示人或事物的动作、行为、心理活动、发展、变化等的词。动词可以表示具体的动作，如"跑""吃""写"等；也可以表示抽象的状态或性质，如"是""有""喜欢"等。在文案写作中，动词具有以下特点。

（1）动词具有极强的表现力，能直观体现产品的特征，如扫地机器人的文案"解放（动词）你的双手"。

（2）动词自带力量感和活力，运用得当可以使文案简练而传神，如"勇闯（动词）天涯""打出（动词）荣耀"。

（3）动词可以引导用户采取具体的行动，如"购买（动词）产品""了解（动词）更多信息""参加（动词）活动""点击（动词）下方链接下单（动词）"。

3. 形容词

形容词是表示人或事物的性质或状态的词。形容词在文案中起着以下作用。

（1）描述特性。形容词可以描述产品或服务的特性，如高品质、耐用、舒适、安全、环保等。

（2）强调优势。形容词可以突出产品或服务的优势，如独特的、卓越的、创新的。

（3）激发情感。形容词可以激发用户的情感和渴望，如令人兴奋的、激动人心的、令人心动的，引起用户对产品或服务的好奇和渴望。

需要注意的是，形容词比较抽象，不够生动、直观，不能让用户一下就产生画面感，因此文案写作时应少用。

4. 副词

副词是表示程度、范围、时间、频率、语气等的词，可以修饰或限制动词、形容词，而一般不能修饰或限制名词。副词在文案中起着强化、修饰和补充的作用，可以增强文案的表达力和影响力。

（1）强调程度。副词可以修饰或限制动词和形容词，用以表示强调或加深动词和形容词的程度，如非常、极其、特别、十分等。例如，"包包非常（副词）精致（形容词）""手机充电（动词）特别（副词）快"。

（2）指示时间或频率。副词可以指示时间或频率，如经常、每天、立即、即刻等，强调产品或服务的实时性和及时性。例如，"手表会即刻（副词）记录您的心跳数据""手机会立即（副词）通知您"。

（3）表达态度或观点。副词可以表达文案的态度或观点，如确实、无疑、明显、实际上等，加强文案的说服力。例如，"购买我们的产品无疑（副词）是您明智的选择"。

（二）句子

李经理发现，小艾写的句子有些是病句，成分不完整，于是他又开始讲解句子的相关知识。句子是由词或短语构成的，是具有一定的语调、能够表达完整的意思的语言单位。在文案中，句子主要用于清晰地传达文案人员想要传达的信息，从而引发用户的阅读兴趣或引起共鸣。句子应该简洁明了，且突出关键信息，并且可以使用过渡词（一般是副词或起副词作用的短语，起到承上启下、连接前后文或上下语句的作用，如虽然、此外、因此、然后等）连接不同的句子，使语意连贯，从而提升文案的可读性和连贯性。

1. 句子的组成

句子由主语、谓语和宾语等成分组成。

（1）主语。主语通常是一个名词、代词或名词短语，它表示句子中正在进行或执行动作的人、事物或概念。在文案中，主语可以用来引起用户的注意，并明确指出是谁或是什么在执行某个动作。

（2）谓语。谓语是句子的核心部分，包含动词或动词短语，它表示主语所进行的动作、状态或属性。在文案中，谓语常用于描述产品的特性、服务的优势或某种行为。

（3）宾语。宾语通常是一个名词、代词或名词短语，它接受或承受谓语所表示的动作或影响。在文案中，宾语用于描述被动接受或受益的对象或事物。例句如下。

① 该餐桌的原料（主语）是（谓语）上好木材（宾语）。

② ××品牌（主语）推出了（谓语）红茶饮料××（宾语）。

在写作文案时，可以根据具体情况选择合适的词语和短语作为主语、谓语和宾语，以强调产品或服务的优势及其能满足用户需求，并促使用户采取行动。同时，应注意主语、谓语、宾语之间的逻辑关系和语法正确性，以确保句子的准确性和流畅性。

2. 句子的类型

按照语气，句子可以分为陈述句、疑问句、祈使句、感叹句等。

（1）陈述句。陈述句在文案中起到陈述、描述、说明事实或观点的作用，其能够简明扼要地传达信息，常用于直接陈述产品或服务的特点、优势、功能等。陈述句包括肯定句和否定句两种，肯定句用于陈述肯定的观点或描述肯定的情况，而否定句则与之相反。例句如下。

① 这款大衣有3个口袋。（肯定句）

② 我们家的葡萄没有打农药。（否定句）

（2）疑问句。疑问句是用来表示疑问、提出问题的句子。疑问句在文案中起到引发用户思考、引发用户兴趣和提出问题的作用，常用于文案开头或重点部分。巧妙运用疑问句，可以使文案与用户形成互动，促使用户主动思考，并引导用户关注文案所推广的产品或服务。

疑问句有两种，有疑而问的叫询问句，无疑而问的叫反问句。例句如下。

① 你想过家里为什么老是潮湿吗？（询问句）

② 难道你还不心动吗？（反问句）

（3）祈使句。祈使句是一种用来表达请求、命令、建议或劝告的句子。祈使句的主语往往被省去，通常以动词开头，表示说话人对听话人的期望或要求。

祈使句表达方式简洁、直接，在文案中起到指令或建议的作用，通过明确的语气引导用户采取某种行动，如购买产品、参加活动等。例句如下。

① 赶紧点击下方链接下单吧！

② 请大家多为主播点点赞。

（4）感叹句。感叹句是用来表达强烈情感、感叹或赞叹的句子。感叹句在文案中用于表达强烈的情感，并引起用户的共鸣和注意。例句如下。

真是一款有设计感的包包！

（三）标点符号

讲完句子后，李经理指出小艾写作的最大问题——标点符号乱用，并详细讲解了标点符号的用法。

1. 句号

句号表示一个句子的结束，起到停顿和结尾的作用。它帮助文案人员控制句子的节奏和语气，使文案更加清晰和易读。句号通常用在完整陈述句的末尾，也可以用在短语或简短句子的结尾。例句如下。

品质至上，始终如一。

2. 问号

问号用于表示疑问，可引起读者思考或引发兴趣。它可以增加句子的张力和引导用户进一步思考，从而吸引用户的注意力。问号常用于疑问句的结尾，用于提出问题。例句如下。

您正在寻找一款适合夏季的清凉饮品吗？

使用问号时，需要确保问题或反问具有明确的意义，并且与文案的内容相关。另外，过度使用问号可能会造成阅读疲劳，因此问句数量要适当。

3. 叹号

叹号用于表达强烈的感情、情绪或强调某个观点。它可以增强句子的情感色彩和表达力，吸引用户的注意力。叹号多用在感叹句的末尾，表示停顿。

此外，语气强烈的祈使句也可以使用叹号。例句如下。

赶紧点击下方链接购买！

4. 顿号

顿号用于列举事物、观点或描述，起到分隔和强调的作用。它可以将相关的内容组织起来，使文案更加清晰和易读。在文案中，顿号可以用于列举多个事物，如"我们提供新鲜水果、健康蔬菜、精选肉类"，也可以用于描述产品的多个特点、特征或细节。例句如下。

这款手机具有高清屏幕、全新芯片、超强续航能力。

5. 逗号

逗号表示一句话中间的停顿，停顿的时间比顿号要长一些。使用逗号时，要遵循语法规则，确保使用逗号的地方是适当的。同时，不要过度使用逗号，以免文案显得冗长或不连贯。最重要的是要保持文案清晰易读。

6. 冒号

冒号起提示作用，提起下文或总括上文。冒号在文案中有以下常见用法。

（1）引出解释。冒号可以用于引出对前面内容的解释。例句如下。

享受五星级服务：品质保证、快速配送、30天无理由退货。

（2）强调或补充信息。冒号可以用于强调或补充前面的信息。例句如下。

这个充电宝有一个特点：重量轻。

7. 引号

引号用于标示语句中直接引用的内容或需要特别指出的成分。引号在文案中有以下几种常见用法。

（1）引述对话或直接引用。引号可以引述对话、直接引用某人的话语或观点。例句如下。

他说："这款产品是我特别喜欢的。"

（2）标示外来词语或专门术语。引号可以标示外来词语或专门术语，以示区别或强调。例句如下。

这款手机具有先进的"人脸识别"技术，确保您的数据安全。

（3）突显标题或副标题中的词语。引号可以用于标题或副标题中需要突显的词语，以吸引用户的注意力。例句如下。

新品上市，让你感受"焕然一新"的味道。

👤（四）修辞手法

李经理觉得小艾写的句子不生动，要小艾多学习修辞手法。修辞手法是一种语言运用的艺术技巧，种类很多，文案写作中常用的有比喻、夸张、排比、拟人和双关。

1. 比喻

比喻是用本质不同但又有相似点的描绘事物或说明道理的修辞手法。在文案中使用比喻可以增强表达的形象性和吸引力，帮助用户更好地理解和记忆文案内容。比喻常用于形容产品特点、强调优势或营造画面感。

比喻由本体、喻体、喻词构成。本体是被比喻的事物或情境，喻体是打比方的事物或情境，喻词是本体和喻体之间的连接词，如像、似的、好像、宛如、好比、犹如等。图 1-12 所示为某款手机的宣传文案，其将手机比作魔法盒子。

这款手机就像一个魔法盒子，带给你无限的惊喜。

本体　喻词　喻体

图1-12　某款手机的宣传文案

2. 夸张

夸张是对事物的形象、特征、性质、作用、程度等进行故意扩大或缩小描绘的修辞手法，常用于文学作品、口头表达以及广告宣传等领域。在文案中使用夸张可以突出产品或服务的特点、优势或效果，并增强语言的感染力和吸引力。例句如下。

① 这个包包大得能装下一间屋子。（扩大夸张）

② 开这个空调，房间里静得连掉根针都能听见。（缩小夸张）

3. 排比

排比是指三个或三个以上结构相同或相似、意义相关、语气一致的短语或句子排列在一起。在文案中使用排比可以增强表达的节奏感和语言的韵律，使文案更加生动、有吸引力，有助于抒发强烈的情感。美团优选的品牌文案就使用了排比句，强调“省”对于中国人的文化意义，具体内容如下。

省，是对天赋物产与他人辛苦的敬畏；

省，是对日常生活的依依不舍；

省，是深藏在内心的小诚恳；

省，是最绵长的在意和珍惜。

4. 拟人

拟人是通过赋予无生命的事物或抽象概念以人的特征和行为来增强表达的生动性和形象感的修辞手法。文案中常用拟人手法来赋予产品人性化的特征，以吸引用户的注意和引起共鸣，例句如下。

① 这辆轿车像一位绅士，优雅地穿过城市的大街小巷，吸引所有目光。

② 这款巧克力会在你的口中翩翩起舞，让你沉醉于甜蜜的享受中。

5. 双关

双关是在一定的语言环境中，利用词的多义和同音或近音的条件，有意使语句具有双重含义，言在此而意在彼的修辞手法。在文案中合理使用双关能带来出人意料的效果，使文案更具表达力和形象感。双关手法可以分为以下两种。

（1）语义双关，即利用词语的双重意义构成双关。例如，开心果，让你开心。其中，"开心果"既可以理解为一种坚果，又可以理解为一种让人心情愉快的事物，这个句子通过双关表达产品带来的愉悦感。

（2）谐音双关，即利用词语的同音或近音构成双关。例如，尚天猫，就购了。其中，"尚"与"上"同音，"购"与"够"同音，传达的信息是天猫可以满足一站式时尚购物需求。

使用双关时，应确保双关的词语或表达方式能够被用户理解，避免过于晦涩或复杂。

动手做

分辨修辞手法

请为左右两列中相匹配的两项连线。

（1）这款智能音箱会在你孤独时唱歌给你听。　　　　A：夸张

（2）这款轮胎，宛如脚下的翅膀。　　　　　　　　　B：比喻

（3）原来生活可以更美的。（来自美的品牌口号）　　C：拟人

（4）这个行李箱超便携，提着感觉只有巴掌大。　　　D：双关

同步实训　运用人工智能自动生成文案

实训描述

小王是一个数码产品网店的文案人员，今天她需要为一款充电宝写作简短的文案，以宣传充电宝的卖点——20000毫安大容量、20W超级快充、自带三合一充电线、仅有手机一半大、能带上飞机、多重安全保护、多口快充。然后她还需要写作一段介绍空气循环扇的原理和作用的文字，为后续写作空气循环扇的宣传文案做准备。

微课视频

运用AI自动
生成文案

请同学们通过5118网站提供的智能工具，为小王生成充电宝宣传文案，以及介绍空气循环扇的原理和作用的文字。

操作指南

本实训需要使用5118网站的智能工具自动生成文案，具体步骤如下。

步骤 01 进入5118网站首页，将鼠标指针移到导航栏中的"智能改写"选项上，在弹出的列表中单击"营销文案生成器"超链接，如图1-13所示。

图1-13 单击"营销文案生成器"超链接

步骤 02 在打开的页面中填写产品的相关信息，包括产品名称、产品描述、产品特点、产品受众、生成风格，单击 立即生成 按钮，如图1-14所示。系统将在打开的页面中自动生成并显示产品营销文案，如图1-15所示。单击 复制结果 按钮可将产品营销文案复制到Word文档中进行修改。

图1-14 填写产品相关信息 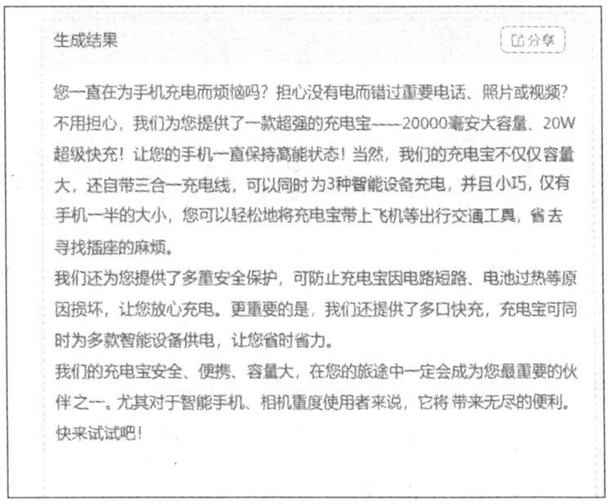   图1-15 生成营销文案

步骤 03 将鼠标指针移到页面上方导航栏的"智能改写"选项上，在弹出的列表中单击"文本扩写精灵"超链接。在打开页面的文本框中输入"空气循环扇的原理和作用"，设置"扩写字数"为"中等"，单击 立即扩写 按钮，如图1-16所示。

步骤 04 打开的页面中将自动显示系统扩写后的文案，如图1-17所示。单击 一键复制 按钮可将文案复制到Word文档中进行修改。

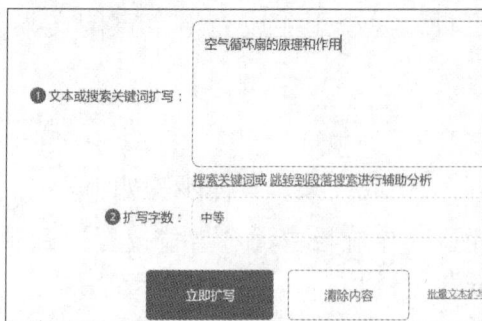

图1-16　设置文本扩写

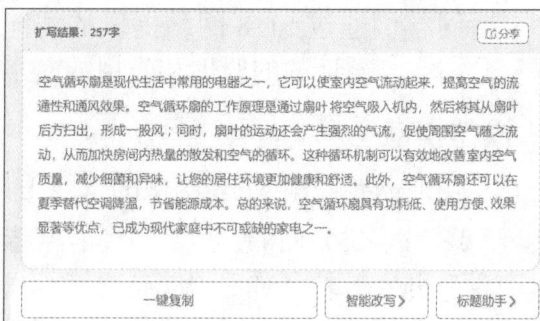

图1-17　扩写后的文案

💬 **实训评价**

　　同学们完成实训操作后，提交自动生成并修改的文案，老师据此按表1-2所示内容进行打分并点评。

表1-2　实训评价

序号	评分内容	总分	老师打分	老师点评
1	生成的充电宝文案是否完整、是否能突出卖点	50		
2	生成的空气循环扇原理和作用介绍文案是否有条理	50		

总分：＿＿＿＿＿＿＿＿

范例分析　乳品品牌借助AI技术打造新颖文案

　　杭州第19届亚运会的某乳品品牌赞助商，在亚运会倒计时100天之际发布了一则名为"AI忆江南"的新媒体文案。该文案以视频为载体，展现了一幅幅江南水墨画（见图1-18），其文字部分如下。

　　旁白：日出江花红胜火，春来江水绿如蓝。能不忆江南？

　　孩童：夫子，忆何种江南？

　　夫子：自然是千年之江南。

　　孩童：什么是千年之江南？

　　旁白：问我啊！（苏轼）还是问我吧。（白居易）

　　夫子：或许问问AI吧。

　　孩童：哇！千年江南像水墨画吗？

　　夫子：烟雨朦胧，很是浪漫。

　　孩童：这就是千年之江南。

夫子：远不止啊，你看，这便是日出江花红胜火。

孩童：夫子你看，湖面上还有鸭子戏水。

夫子：哈哈哈哈，那是鸳鸯戏水。走，带你品一品山寺月中寻桂子。难怪诗人会写下绿杨阴里白沙堤。

旁白：山寺月中寻桂子，郡亭枕上看潮头。何日更重游！

孩童：那现在的江南呢？

夫子：现在的江南，人们心怀热爱，为梦想乘风破浪，永远向前，更胜从前。（画面出现体育健儿、品牌 Logo、产品）

图1-18 视频画面

该文案在微信、微博、抖音等平台发布后，立马获得广泛关注和称赞。下面从几个方面展开分析。

1. 呼应当下热点

该文案借助亚运会即将开幕的契机，聚焦于赛事举办地——杭州（属于江南地区）的独特魅力，用当前话题热度很高的 AI 技术绘制江南水墨画，很好地借助了各种热点吸引关注，因而时效性很强。

2. 采用多媒体技术

该文案的呈现方式新颖，主要通过视频展现了一幅幅用 AI 技术绘制的江南水墨画，直观、生动、富有视觉冲击力，为用户带来了较强的审美愉悦，体现了新媒体文案多媒体化的特点。

3. 多个新媒体平台发布

该文案的发布渠道众多，包括当前主流的各个新媒体平台，充分借助了品牌在这些平台长时间积累的粉丝和关注度，以相对更低的成本实现了大范围传播。

4. 古今完美融合

该文案借助现代前沿科技打造了一个具象化的三维立体空间，使印在书本上的传统古诗词变得鲜活、生动，为其赋予新的生命力。而文案的结尾，在追忆了古代江南后，巧妙地回归现代江南，点出"永远向前，更胜从前"的主题，将古今关联起来，传递正能量。

5. 借助对话展现主题

该文案将抽象的创意主题"AI 忆江南"演绎为孩童与夫子间一场由忆江南诗句引发的趣味对话。对话经过精心设计，孩童的发言天真、充满好奇，而夫子的话则沉稳、带有书卷气，符合二人的身份。这样一来一往的对话更接近日常生活，少了广告的生硬感，文案更容易被用户接受。

课后习题

1. 单选题

（1）下面关于文心一言自动生成文案的说法，不正确的是（　　）。

A. 用户提问的方式、要求直接影响文心一言回答的质量

B. 提供类似的文案示例或者模板，可以让文心一言模仿创作

C. 可以向文心一言指定文案的风格

D. 文心一言生成的文案不符合要求，没有办法再重新生成

（2）下面哪个选项使用了比喻修辞手法？（　　）。

A. 这款洗发水让你的头发如丝般柔软，如云般飘逸

B. 这款智能手表会在你生日的时候悄悄给你惊喜

C. 我来，我见，我购买

D. 天气暖和，苗圃里的花都想开了

（3）以下哪项不属于新媒体文案的特点？（　　）。

A. 成本低　　　　　　　　　　B. 时效性强

C. 定位精准　　　　　　　　　D. 以文字为主

2. 多选题

（1）积累素材的方法有（　　）。

A. 阅读并做读书笔记　　　　　B. 关注行业网站并收集案例

C. 参与社群活动和行业活动　　D. 随时记录生活点滴

（2）下列属于副词的有（　　）。

A. 跑步　　　　B. 非常　　　　C. 漂亮　　　　D. 每天

（3）以下各项说法，正确的有（　　）。

A. "我们家的水果都是现摘的。"是陈述句

B. "请不要在直播间刷屏。"是祈使句

C. "这次的活动真的太划算了！"是陈述句

D. "这么好的机会，难道你们就让它白白溜走？"是疑问句

3. 判断题

（1）文案人员可以选择一些自己喜欢的文案，试着模仿其风格和结构，通过更换产品、主题等方式改写成自己的文案。　　　　　　　　　　（　　）

（2）人工智能可以自动生成新媒体文案。　　　　　　　　　　（　　）

（3）做读书笔记只能摘抄优美的句子。　　　　　　　　　　（　　）

（4）两个句式相同的句子组合在一起也是排比句。　　　　　　（　　）

项目总结

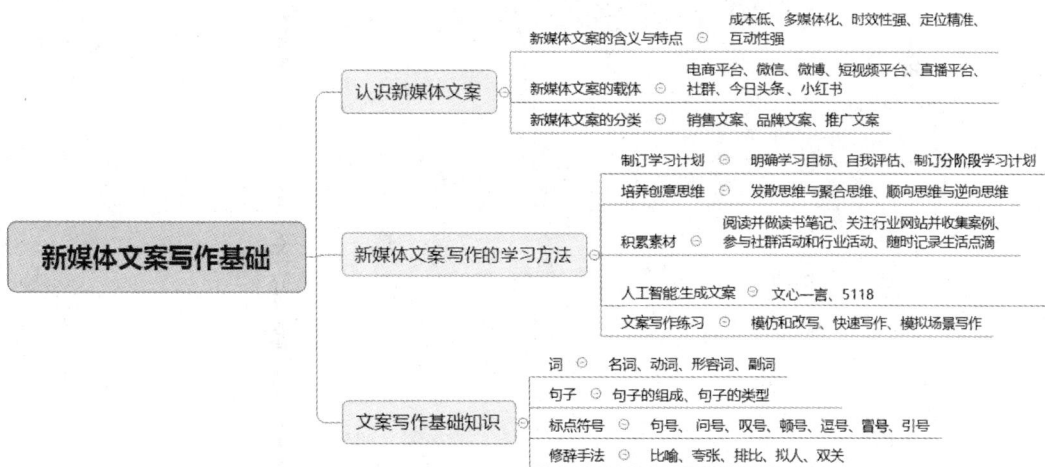

	新媒体文案的含义与特点 ⊙	成本低、多媒体化、时效性强、定位精准、互动性强
认识新媒体文案	新媒体文案的载体 ⊙	电商平台、微信、微博、短视频平台、直播平台、社群、今日头条、小红书
	新媒体文案的分类 ⊙	销售文案、品牌文案、推广文案
	制订学习计划 ⊙	明确学习目标、自我评估、制订分阶段学习计划
	培养创意思维 ⊙	发散思维与聚合思维、顺向思维与逆向思维
新媒体文案写作的学习方法	积累素材 ⊙	阅读并做读书笔记、关注行业网站并收集案例、参与社群活动和行业活动、随时记录生活点滴
	人工智能生成文案 ⊙	文心一言、5118
	文案写作练习 ⊙	模仿和改写、快速写作、模拟场景写作
	词 ⊙	名词、动词、形容词、副词
文案写作基础知识	句子 ⊙	句子的组成、句子的类型
	标点符号 ⊙	句号、问号、叹号、顿号、逗号、冒号、引号
	修辞手法 ⊙	比喻、夸张、排比、拟人、双关

新媒体文案写作基础

项目二

写作电商产品文案

情境创设

一天，小艾想在淘宝上为爸爸挑选一个保温杯，于是找李经理为她参谋。他们搜索"保温杯"后发现，A品牌保温杯的主图看上去很有品质，于是点击查看产品介绍，发现产品详情页罗列了保温杯的各种优点，并使用大量图片来表现保温杯的各种使用场景，还将A品牌保温杯与普通保温杯的保温数据进行对比。小艾看了有些心动，李经理也认为这款保温杯的产品介绍有理有据，并提醒小艾这些介绍也属于电商产品文案，对用户的购买行为有较大影响。

学习目标

知识目标

1. 熟悉电商产品文案的分类与写作要求。
2. 熟悉九宫格思考法和 FAB 法则的相关知识。
3. 掌握产品标题的相关知识。
4. 掌握主图文案的相关知识。
5. 掌握产品详情页的相关知识。

能力目标

1. 能够使用九宫格思考法和 FAB 法则提炼产品卖点。
2. 能够写作产品标题、主图文案和产品详情页。

素养目标

1. 熟悉相关法律法规，不使用违禁词，不贬低竞争对手。
2. 诚实守信，如实描述产品，不做虚假宣传。

任务一　认识电商产品文案

任务描述

小艾听了李经理的话，回想自己的网购经历，发现自己下单都是被电商产品文案吸引、说服的，因此意识到电商产品文案的重要性，于是便要李经理给她好好讲讲电商产品文案的相关知识。

任务实施

（一）电商产品文案的分类

李经理带着小艾复盘刚刚的网购过程，发现他们从打开淘宝首页到进入产品详情页经历了一个过程，在这个过程中，不同的电商产品文案发挥着不同的作用，如吸引眼球、介绍产品、证明产品值得购买等。这些电商产品文案的分类如下。

1. 产品标题

用户在电商平台购买产品时，大部分都会选择自主搜索，而此时显示在用户面前的是用户所搜索的关键词（如"男袜"）与产品标题相匹配的结果。因此，只有产品标题包含相关关键词（如"男袜"），产品才有可能被用户搜索到，进而被用户点击查看。这也说明产品标题能在很大程度上影响产品的流量，是十分重要的电商产品文案。产品标题一般位于产品主图的下方或右侧，如图 2-1 所示。

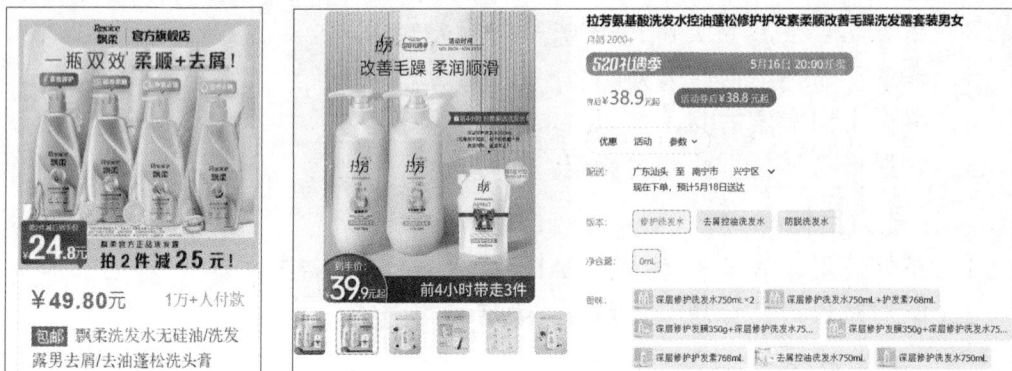

图2-1　产品标题

2. 产品主图文案

用户搜索关键词后，搜索结果页面中会出现很多产品供用户选择，这时产品主图文案作为产品的"招牌"，成为影响用户点击主图进入产品详情页的重要因素。优秀的主图文案简明扼要，图片形象生动，会使用户产生点击行为，从而吸引流量，提高产品点击率。图 2-2 所示的主图文案就展示了产品外观、产品卖点、价格优惠以及相关服务等，这些都能吸引用户点击主图。

图2-2　主图文案

动手做

搜索产品并查看主图文案

进入淘宝，在首页搜索框中输入"运动鞋"，按【Enter】键，在打开的页面中查看搜索结果，找到感兴趣的主图文案，查看主图文案写了哪些方面的内容，并使用表格记录和汇总。

3. 产品详情页

产品详情页是通过文字、图片或视频等展示产品信息的页面，如图2-3所示。产品详情页主要是对产品各方面信息的展示与描述，如产品外观、材质、规格、获得的权威认证、用户评价、效果展示图、细节图、使用说明、功能介绍、与同类产品的对比、产品加工过程、售后保障和品牌介绍等。当然，具体的展示信息视产品而定。用户在选购产品时，主要是通过产品详情页来了解产品的，因此产品详情页中的实拍图、文字描述、排版设计等都与产品销量直接相关。

图2-3 产品详情页

(二) 电商产品文案的写作要求

李经理给小艾看另一个保温杯的主图文案，文案中有几个醒目的大字"第三天都烫嘴"。小艾说，这文案真简单。李经理说，电商产品文案就得这么写，它不要求使用华丽的辞藻，但要通俗易懂、打动用户。具体的写作要求如下。

1. 通俗易懂

通俗易懂是指电商产品文案要简单通俗，让用户看一眼就明白文案所要表达的意思。在很多情况下，越平实、朴素的文案，往往越有效。具体来说，通俗易懂的电商产品文案应该符合以下 3 点要求。

（1）语言表达规范完整，没有语法错误。

（2）语言描述准确，不容易引起歧义或误解。

（3）用词简单易懂，不使用生僻字词、过于专业化的词语以及自己生造的字词。

图 2-4 所示为一款充电宝产品详情页部分，介绍充电宝小巧便携时使用了数字（如"200g"），介绍充电宝自带充电线时使用了"拿起就充"这样直白浅显的表达，用户非常容易理解。

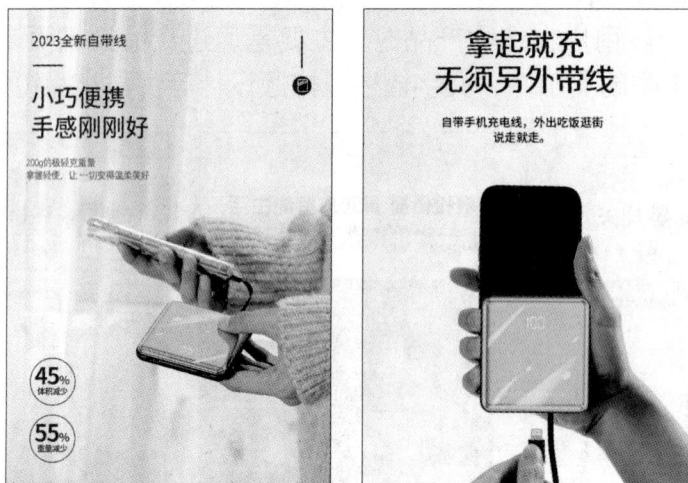

图2-4　充电宝产品详情页

2. 图文并茂

互联网时代，图片的重要性不言而喻，尤其在电商产品文案中，图文结合显得更加重要。这一方面是因为用户不能直接接触产品，直观的产品图片有助于用户快速了解产品；另一方面，在塑造场景、展示产品外观和结构等时，图片的表现力更强。所以，电商产品文案通常需要搭配清晰度高、美观的产品图片。

图 2-5 所示为某沙发的产品详情页，介绍沙发"随意靠"卖点时借助图片及其中的文字标注（如"腿部承托""臀部承托"等）来辅助说明；介绍沙发脚设计时，又通过图片中的文字和箭头说明沙发"打扫无死角"的优点，十分形象，让用户一目了然。

图2-5 沙发产品详情页

3. 强调产品价值

电商产品文案的作用主要是促进产品销售,因此文案人员应该围绕产品的特点、功能等进行写作,使用户通过文案了解产品能够为他们带来什么样的价值。

图2-6所示为某厨房清洁剂的主图文案,不仅通过"3年销量领先"强调产品的受欢迎程度,还借助"除菌99.9%""一擦即净"等文字强调产品的优势,让用户明白使用该产品的好处——能实现快速清洁、除菌。

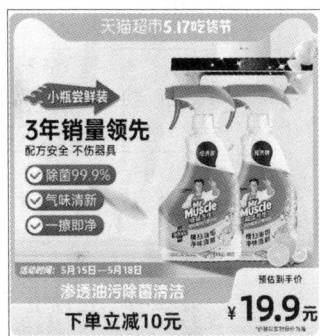

图2-6 厨房清洁剂主图文案

任务二 提炼产品卖点

任务描述

小艾又浏览了其他品牌保温杯的产品详情页,还是觉得A品牌保温杯好,因为根据产品详情页的介绍,A品牌保温杯有几个其他保温杯不具备的优点,如LED显示屏显示温度、触屏显温、密封防水。李经理说这就是A品牌保温杯的卖点,并强调提炼卖点是后续写作主图文案和产品详情页文案的基础,是一项必不可少的工作。

任务实施

（一）使用九宫格思考法提炼产品卖点

李经理拿出一张纸,纸上画了9个格子,里面填满了内容。小艾问这是什么,李经理说他平时工作经常使用九宫格思考法找灵感,这种方法用来提炼产品卖点也很有效。

九宫格思考法是一种利用九宫格矩阵图发散思维，帮助生成创意的简单练习法，有助于人发散思维，很多人使用这种方法提炼产品卖点。

九宫格思考法的操作步骤如下。

（1）拿一张白纸，画一个正方形，然后用笔将其分割成九宫格，再将主题（产品名等）写在正中间的格子内。

（2）将与主题相关的、可帮助此产品销售的众多优点任意填写在其他8个格子内，如图2-7所示，尽量用直觉思考。如果一时没有灵感，可以尝试从不同的角度或方向来扩展其他8个格子的内容，如围绕产品的功能、产品获得的荣誉、产品外观等方面的优势来构思产品要点，如图2-8所示。

优点1	优点2	优点3
优点8	产品	优点4
优点7	优点6	优点5

功能	荣誉	数量
价格	产品	技术
材料	外观	质量

图2-7　任意填写产品优点　　　　图2-8　从不同角度或方向构思要点

（3）反复思考、自我辩证，查看这些要点是否必要、明确，内容是否有重合，据此进行修改，一直修改到满意为止。若是有很多想法或某个点还可以延伸，可以都记录下来，最后去粗取精。

经验之谈

电商产品文案若展示所有的产品卖点，会导致信息量太大，无法突出重点，因此在填完九宫格后，需要对所填内容进行整理，分析每个产品卖点的主次，做出取舍。

下面是某款取暖器的产品信息和特点：使用蜂窝快热型电暖气片，整体升温，达到恒温只需6秒，不会散发异味；使用过程中没有噪声，比其他同类产品功耗更低，可以遥控调节功率；无棱角设计，不易磕碰，有防烫罩和30度倾斜断电保护；可作为烘衣架使用，烘干衣物耗时短，并具备空气加湿功能。

使用九宫格思考法提炼取暖器卖点的效果如图2-9所示。

无异味	6秒恒温	多功能
无噪声	某取暖器	防烫
低功耗	倾斜断电	防磕碰

图2-9 提炼取暖器卖点

🖐动手做

使用九宫格思考法提炼智能音箱的卖点

请使用九宫格思考法提炼某智能音箱的卖点。该智能音箱的信息为：支持语音控制音箱的各种功能；可以连接并智能操控家中智能设备，如智能灯具、智能门锁等；能与用户进行自然的语音交互，实现智能对话；配备可视化显示屏，可显示时间、天气等内容；能通过互联网连接在线音乐平台，提供高品质的音乐播放体验；支持多种语言；小巧便携。

👤（二）使用FAB法则提炼产品卖点

接着，李经理让小艾看 A 品牌保温杯的一句文案："温度一触可见，知冷热，防烫嘴。"小艾说这句话把保温杯的功能描述得很清楚。李经理分析说，它应用了 FAB 法则。FAB 法则即属性（Feature）、优势（Advantage）和益处（Benefit）法则，它是一种说服性的销售技巧，在产品卖点提炼中十分常用。"温度一触可见"是保温杯的属性，"知冷热"是属性对应的作用，"防烫嘴"是能带给用户的好处。

FAB 法则中，字母 F、A、B 的含义分别如下。

（1）F：产品有什么特点？特色是什么？可以从产品的属性、功能等角度进行挖掘，如超薄、体积小、防水等。

（2）A：产品的特点、特色所呈现出来的作用是怎么样的？需要从用户的角度来考虑，思考用户关心什么、用户心中有什么问题，然后针对问题，从产品特色和优点角度进行提炼，如产品方便携带、电池耐用。

（3）B：具体能给用户带来什么利益？应该以用户利益为中心，强调用户能够得到的利益，以激发用户的购物欲望，如视听享受、价格较低等。

一般来说，从产品的属性来挖掘用户所关注的卖点是最为常用的方法。每个产品都能够很容易地发现 F，每一个 F 都可以对应到一个 A 和一个 B。需要注意的是，用户最关注的往往是产品的作用和直接的利益。

下面是某款智能手表的信息：内置心率监测器，能准确测量心率；配有多功能彩色显示屏，实时显示各种信息以及运动数据；赠送 6 款腕带，包括白色、黑色、粉色、绿色、橙色、蓝色，可根据场合搭配；自带运动分析功能，能根据用户的运动数据提供个性化的运动和健康方面的建议。

使用 FAB 法则提取该产品的卖点，结果如表 2-1 所示。

表 2-1　使用 FAB 法则提炼智能手表卖点

序号	F	A	B
1	内置心率监测器	能准确测量心率	精确掌握使用者的身体状况
2	配有多功能彩色显示屏	实时显示各种信息以及运动数据	实时了解使用者的运动状态
3	赠送 6 款腕带	可根据场合搭配	风格随心选择
4	自带运动分析功能	智能分析运动数据	提供个性化的运动和健康方面的建议

动手做

使用 FAB 法则提炼皮鞋的卖点

请使用 FAB 法则提炼某款皮鞋的卖点。该皮鞋的信息为：采用 U 形圆头设计，由知名设计师设计，款式经典百搭，适用于多种场合；鞋面采用精选牛皮（光泽度高，凸显档次）制作，鞋底采用高耐磨橡胶制作，有防滑底纹设计，有增高鞋跟设计。

任务三　写作产品标题

任务描述

小艾仔细观察 A 品牌保温杯的标题，发现标题读不通，含义也难以理解。李经理解释说，电商产品标题比较特殊，需要匹配用户的搜索习惯，呈现产品的关键信息，其写作不太考虑连贯、完整要求，常由多个关键词组成。小艾听了更加好奇，于是李经理便带着小艾一起学习产品标题的写作。

任务实施

（一）关键词的类型

李经理带着小艾分析 A 品牌保温杯的标题，将标题分解为一个个关键词，这些关键词主要有以下 4 类。

（1）核心关键词。核心关键词就是产品的名称词，用于告诉用户产品是什么。例如，某款产品的标题为"麦片水果坚果酸奶烘焙燕麦片谷物营养早餐冲饮即食代餐饱腹食品"，其中"麦片"就是核心关键词，是必不可少的。

（2）营销关键词。营销关键词是指具有营销性质的关键词，包括表示促销、包邮、热销、新款、节庆等的词语，如"新品半价""七夕礼物""反季清仓"等。

（3）属性关键词。属性关键词，是指对产品的属性信息加以说明的词语，包括对外观、颜色、材质、款式、型号等内容的描述，如"纯棉""加厚""加绒""短款"等。

（4）类目关键词。类目关键词是指产品的销售类目，也是产品的别称，其作用是防止同一产品因不同称呼而错失流量。例如，"开心果"的类目关键词是"坚果零食"；"夹克"的类目关键词是"外套"等。

（5）品牌关键词。品牌关键词是指品牌名称，如"小米""海尔"等。

> **💡 知识窗**
>
> 关键词的作用是帮助电商平台搜索系统抓取匹配产品。关键词设置得好，产品就更容易被电商平台搜索系统抓取到，产品也就会展现在更多用户面前，进而获得更多流量；而且所吸引的用户更精准，用户购买产品的可能性也更大，从而有助于提升产品的转化率（总购买人次 ÷ 总访问人次 ×100%）。
>
> **💡 知识窗**

（二）关键词的挖掘与组合

小艾很疑惑，关键词这么多，怎么才知道哪些是需要的呢？李经理说文案人员需要借助一些关键词挖掘工具挖掘关键词，进行筛选后将关键词组合在一起，最终形成产品标题。

1. 关键词的挖掘

爱站、5118、百度指数、词查查等工具可供文案人员查询和挖掘关键词搜索趋势、搜索量，其中词查查有专门的电商关键词库。

这里以为某款男士黑色开衫毛衣挖掘关键词为例，介绍在词查查中挖掘关键词的方法，具体如下。

（1）进入词查查首页，如图 2-10 所示，在“热门工具”栏中选择“电商词挖掘”选项。

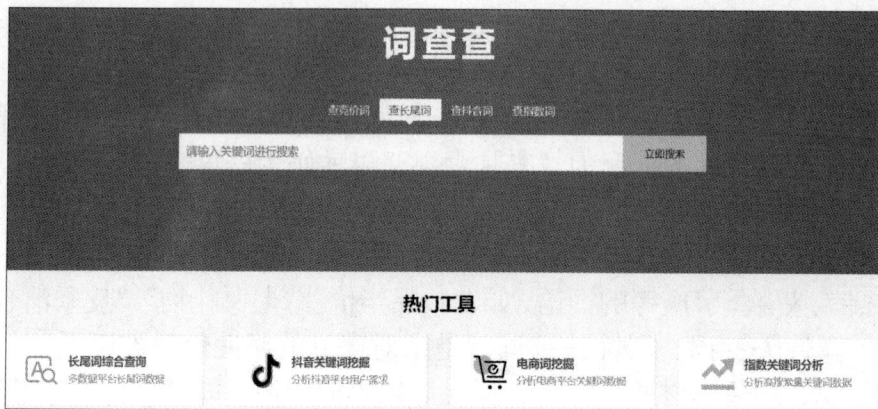

图2-10　词查查首页

（2）在打开页面中的搜索框中输入要查询的关键词，这里输入“毛衣”。

（3）在打开的页面中可查看检索到的关键词相关数据，如图 2-11 所示，此时将显示与“毛衣”相关的电商关键词。其中，“PC 检索量”“移动检索量”反映的是关键词的热度（数字越大越热门），“竞争程度”反映的是关键词的竞争激烈度（数字越小竞争越激烈）。

毛衣　立即搜索

本次为您检索到5932条数据　立即导出　接入API

关键词	关键词指数	关键词移动指数	PC检索量	移动检索量	收录量	词语特点	价格参考	竞争程度
毛衣	169	770	216	615	84800000		0.81	3
黑色毛衣	116	415	470	330	2600000	-	3.09	6
织毛衣	101	337	79	23	797000		0.79	5
高领毛衣	83	167	30	213	10600000		0.55	3
男士毛衣	64	110	130	100	4790000	-	2.03	4
开衫毛衣	64	139	90	153	13900000		1.26	4
毛衣链	64	130	50	30	15500000	-	0.8	13
编织毛衣	64	76	13	124	13800000		0.57	3
毛衣针	64	67	6	13	10600000		1.03	4
毛衣外套	63	99	203	68	27800000		2.04	3
儿童毛衣	63	106	38	21	10500000		2.11	2
毛衣编织花样5000	61	73	120	60	3830000	-	0.57	10
毛衣编织	61	208	20	387	128000		0.84	3

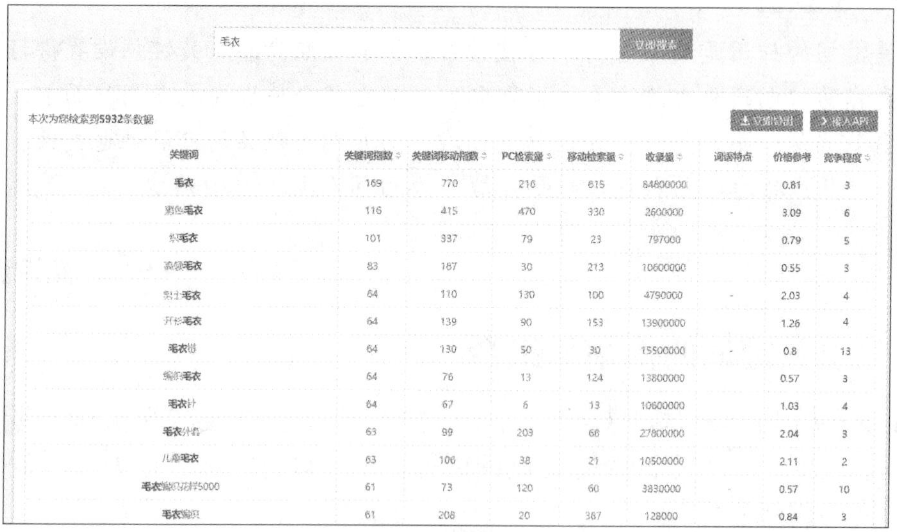

图2-11　与“毛衣”相关的电商关键词

文案人员需要从搜索结果中选择合适的关键词，选择的原则有两个：一是与产品相关；二是热度较高，竞争激烈度较低。根据此原则，合适的关键词有“黑色毛衣”、“男士毛衣”“开衫毛衣”。

在电商平台的搜索框中输入关键词后，下拉列表框中会出现一些相关关键词，这些关键词具有一定的访问量和转化效果，文案人员可以从中选择与产品相关的关键词。图 2-12 所示为在淘宝搜索"玻璃杯"后出现的相关关键词。

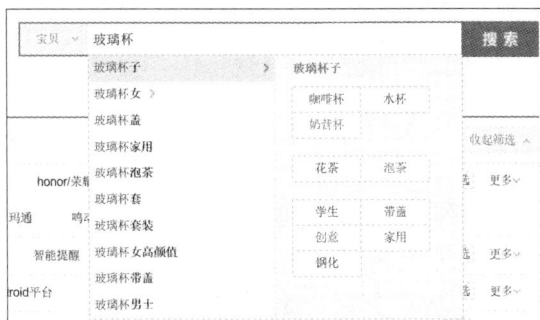

图2-12　淘宝搜索"玻璃杯"后出现的相关关键词

2. 关键词的组合

挖掘出多个合适的关键词后，需要将这些关键词组合成产品标题。一般而言，产品标题中关键词的组合顺序为营销关键词 + 品牌关键词 + 核心关键词 + 属性关键词 + 类目关键词，如图 2-13 所示。

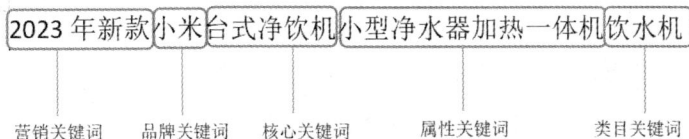

图2-13　关键词组合

在组合关键词时要注意，核心关键词和属性关键词必不可少，品牌关键词适合有品牌知名度的商家使用，类目关键词主要用于产品有多种常见称呼的情况。在字数受限的情况下，营销关键词可视情况删减。

（三）产品标题写作的禁忌

小艾说，有一次她浏览一个菜板的产品详情页，发现菜板明明是单面的，标题却有关键词"双面菜板"。李经理说这种情况是把无关关键词加到了产品标题中，是产品标题写作的禁忌。其实，产品标题写作有很多禁忌，文案人员在写作产品标题时需要加以避免。

1. 严禁使用敏感词

一些文案人员为了快速吸引用户注意，会在产品标题中添加一些敏感词以博眼球，如全网第一、独一无二、国家级等。而《广告法》规定，广告中不得使用"国家级""最高级""最佳"等用语，不得使用或者变相使用国家机关、国家机关工作人员的名义或者形象等。此外电商平台也有过滤功能，如果产品标题中带有敏感词，会导致产品标题被过滤，不能被用户搜索到。因此，写作产品标题时，不能使用这些敏感词。

2. 切勿堆砌关键词

在产品标题中堆砌关键词虽然能使标题引人注目，或使用户更快地搜索到产品，但在产品标题中堆砌与本产品相关度较小的字眼，可能对店铺的信誉造成不好的影响，甚至导致店铺受到电商平台的处罚。例如，"铁观音茶饼浓香型乌龙茶老茶普洱茶包邮"就是典型的堆砌关键词的产品标题，意图通过堆砌产品名称让尽可能多的用户搜索到产品，但一款茶叶不可能既是铁观音，又是普洱茶，这样只会让用户觉得受到欺骗，引起其反感。

还有一些文案人员会堆砌无效的关键词，即在一个产品的标题中重复使用同一关键词，这实际上对提升产品标题的搜索排名毫无帮助。

3. 严禁滥用无关关键词

滥用关键词一般是指在产品标题中滥用其他品牌名或与本产品无关的关键词，"蹭"不属于自己产品的流量。即使用户因为产品标题中无关的关键词点击查看了产品，也会因为不符合自身需求而立马离开，这样反而会降低产品转化率，还容易让店铺受到电商平台处罚，可谓得不偿失。

常见的滥用关键词的情形如下。

（1）在产品标题中使用和本产品属性不匹配的关键词，如在不具备降糖功能的电饭煲标题中加入"降糖"关键词。

（2）在产品标题中使用其他产品的品牌名，如产品并非奥克斯品牌，却在标题添加"奥克斯"的字样，或标注"××原单"。

（3）产品标题中出现与其他产品或品牌相比较的情况，如"可媲美××的真皮手袋"。

（4）在产品标题中恶意添加虚假的促销相关词汇，包括满减、有赠品等。

（5）在产品标题中添加未获得的授权、资格或未提供的服务，如"特约经销商""货到付款"等，暗示店铺与商标权人或生产厂家之间有某种授权关系，或用户能享受某种服务。

4. 严禁滥用标点符号

产品标题的长度有限，文案人员都会尽可能地全部占满，但这可能导致标题不易断句。有些文案人员为了给用户带来更好的阅读体验，会使用一些标点符号，如 "-"（短横线）、"/"（分隔号）、"·"（间隔号）等隔开关键词，当这些标点符号与数字、英文字母一起出现时，很可能会被系统误判为数字或英文字母的一部分。这会导致产品不易被搜索引擎抓取，正确的做法是在需要断句的地方加空格。

任务四　写作主图文案

任务描述

接着，小艾开始观察 A 品牌保温杯的主图文案。她发现，该主图文案不仅体现了卖点，而且强调了优惠价格 "到手价 29 元"。李经理补充说，主图文案需要在有限的画面内最大限度地吸引用户眼球，其写作是很有技巧的。

任务实施

（一）主图文案的写作要求

李经理指着 A 品牌保温杯的主图文案点评说，文字很精简，图片也好看。要想主图文案快速抓住用户眼球，主图文案写作需要满足以下要求。

1. 内容精练

主图的尺寸通常较小，展示的内容太多容易让用户抓不住重点，因此主图文案要精练，尽量使用短句，让用户快速接收重要的信息。图 2-14 所示的主图文案就简单介绍了产品的主要卖点，文字精练，信息量少。

2. 体现差异化

电商平台中产品的主图文案同质化严重，如果你的主图文案能够做到与众不同，就更容易吸引用户关注和点击。要让主图文案体现差异化，可以在产品展示方式上做创新，如营造场景、搭配美观的背景、使用模特等。图 2-15 所示为某晾衣杆的主图文案，通过两人悬挂在晾衣杆上的方式体现产品的承重性好，这与其他中规中矩展示晾衣杆外观的主图文案形成了差异。

图2-14　表达精练

图2-15　晾衣杆主图文案

3. 要有视觉吸引力

主图文案整体上呈现的是一张图片的效果，其视觉吸引力的重要性不言而喻。一般主图文案中必不可少的就是产品的外观形象，因此选择的产品图片要注意凸显产品外观的优势，如精致、小巧、美观等，图片色彩要明亮适宜。图 2-16 所示为有视觉吸引力的主图文案。

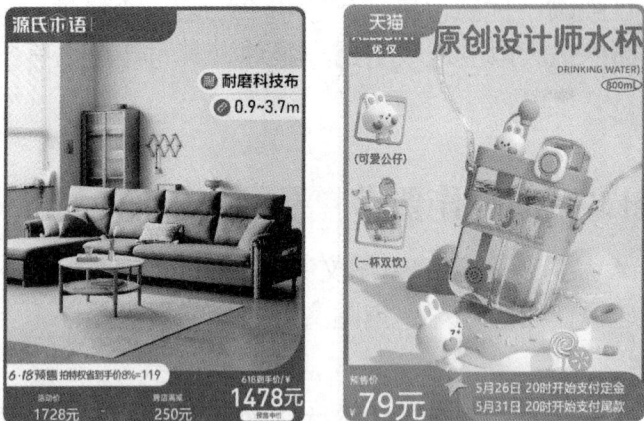

图2-16　有视觉吸引力的主图文案

4. 根据目标用户定位进行设计

不同的产品有不同的目标用户群体，而不同的用户群体的消费偏好不同。若产品的目标用户群体消费水平不高，主图文案就需要突出产品性价比高、耐用，如图 2-17 所示；若产品的目标用户群体消费水平较高，主图文案则需要突出产品的品质，图2-18所示的主图文案就很好地体现了产品的品质。

図2-17　突出性价比高

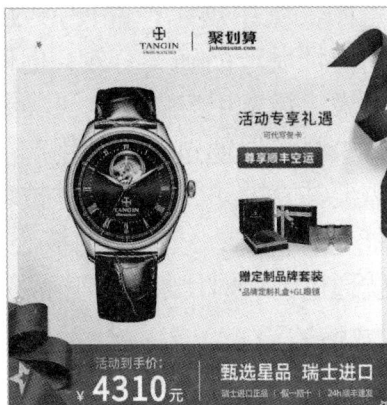

図2-18　突出品质

动手做

确定厨房纸巾主图文案的主要信息

某平价厨房纸巾的卖点是加厚双层设计、大尺寸、吸油吸水能力强，能实现快速清洁，有权威机构证书。其价格为9.9元，规格为100抽/包，共3包。请从目标用户定位的角度说说该产品的主图文案可以包含哪些主要信息。

（二）主图文案的写作技巧

小艾说自己当时一看到A品牌保温杯主图文案上的"到手价29元"就被吸引了，不由自主地点击主图。李经理说，这句话使用了数字，还展示了价格优惠，这些都是主图文案写作常用的技巧。

1. 数字展示

主图文案可以利用数字直观展示产品各方面的信息，具体如下。

（1）用数字表现销量，如销量突破50000件、月销20000件等。

（2）用数字展示产品的价格或折扣，如到手价9.9元、低至3折。

（3）用数字表示产品参数，包括体积、重量、容量、码数等，如1kg大瓶实惠装、2万毫安。

2. 利益诱导

利益诱导通常是指在主图文案中展示用户能获得的利益，包括享受优惠价、获得赠品以及特殊服务等，以吸引用户点击。例如，在主图文案中展现"下单立省100元""下单即送××""拍一件，发3瓶""顺丰包邮"等。

3. 展示产品使用效果

在主图文案中展示产品使用效果可以让用户更直观地看到产品的实际效果，向用户证明产品确实有效，促使用户想象自己使用产品的场景，进而打消用户的疑虑，激发用户做出购买决策。

文案人员可以通过描绘使用产品的理想场景，或者通过对比展示产品使用效果。需要注意的是，使用这种技巧要抓住产品的核心功能，如冰箱除臭剂的核心功能是除异味，绞肉机的核心功能是绞肉。图 2-19 所示的茶垢清洁剂主图文案就通过前后对比展示了产品使用效果。

4. 感情渲染

感情渲染是指在写作主图文案时利用感情的描写，引发用户的情感共鸣，然后吸引用户购买产品。图 2-20 所示为某款按摩仪的主图文案，图中母亲对礼物表示满意的微信消息表现父母收到子女赠送的按摩仪后十分欣慰，这很容易触动那些想为父母尽一份孝心的用户，使他们产生购买行为。

图2-19　产品使用前后对比

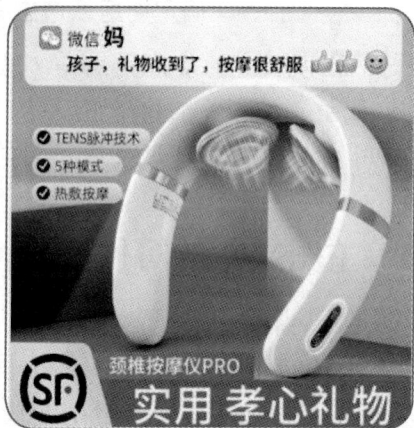
图2-20　按摩仪主图文案

任务五　写作产品详情页

任务描述

小艾问，主图文案是用来吸引用户的，那产品详情页呢？李经理说，产品详情页的作用是介绍产品卖点和其他信息，同时说服用户下单，产品详情页的写作直接关系到产品的销量，是十分重要的。

任务实施

👤（一）产品详情页的组成

小艾看了好几个产品的详情页，总体印象就是产品展现和介绍很全面。李经理补充说，产品详情页是对产品信息的表述，通常由产品整体展示、产品细节展示、产品卖点介绍、产品其他信息介绍、产品或品牌实力展示、福利展示组成。

1. 产品整体展示

产品详情页不可或缺的就是产品整体展示，其目的是让用户直观地认识产品，对产品有一个初步印象。图 2-21 所示为某茶几的整体展示，将茶几放置在具体的家居场景中，让用户能直观地了解茶几的使用效果。

图2-21 产品整体展示

2. 产品细节展示

产品细节展示涉及产品的款式细节、做工细节、面料细节、辅料细节和内部细节等。用户网购时不能接触实物，只看到整体展示图很难放心，细节图则能详细展示产品的各部分细节，减轻用户的疑虑，让用户更加放心地购买产品。图 2-22 所示即为某衬衫的细节展示，包括衬衫的领型、纽扣、绣花、缝线等，让用户直观地了解衬衫的工艺水准。

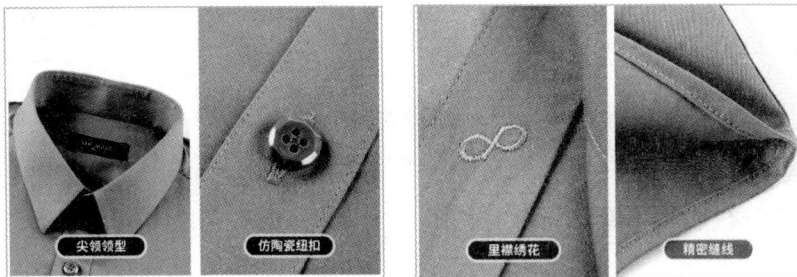

图2-22 产品细节展示

3. 产品卖点介绍

产品卖点介绍是产品详情页的主要内容，其目的是让用户了解产品的优势和价值，促使用户对产品产生兴趣。文案人员要使用简洁明了的语言来描述产品卖点，搭配相应的图片进行说明（见图2-23），让用户快速看懂，给用户更充足的购买理由。

图2-23　产品卖点介绍

4. 产品其他信息介绍

除了产品卖点外，产品详情页还需要介绍产品的其他信息，包括产品参数（见图2-24）、使用方法（见图2-25）、包装/物流（见图2-26）、售后服务（见图2-27）等，让用户全面了解产品。

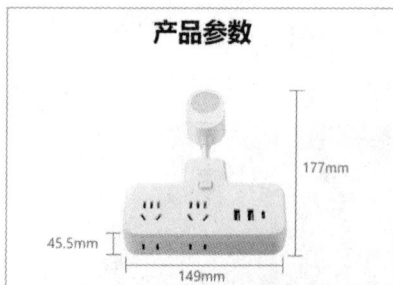

图2-24　产品参数

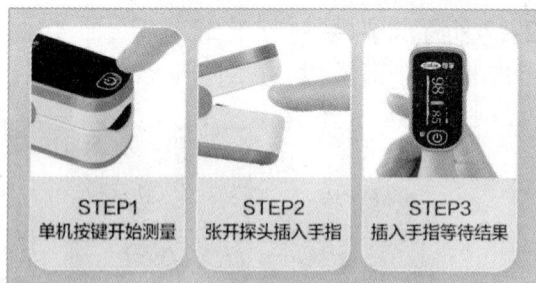

图2-25　使用方法

图2-26　包装/物流

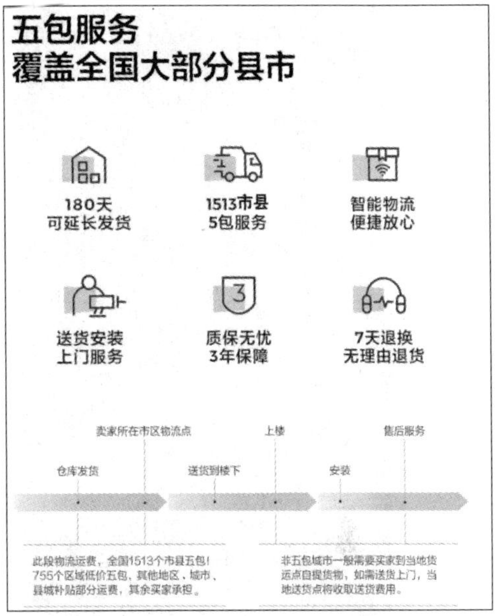

图2-27　售后服务

5. 产品或品牌实力展示

此外，产品详情页还需要展示产品或品牌的实力，用以打消用户的购买顾虑，具体包括用户好评（见图 2-28）、实体店情况（见图 2-29）、品牌历史（见图 2-30）、机构认证（见图 2-31）等。

图2-28　用户好评

图2-29　实体店情况

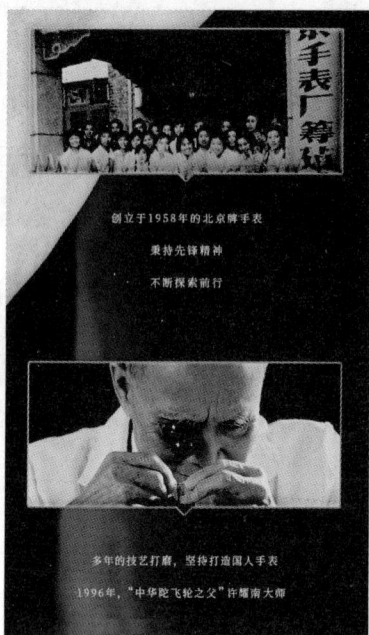

图2-30　品牌历史

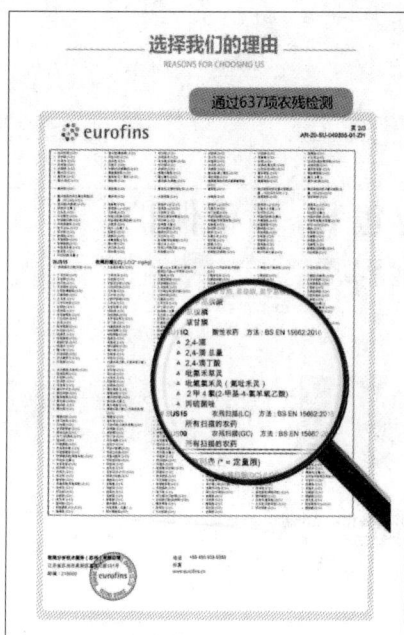

图2-31　机构认证

6. 福利展示

为了促使用户下单，很多产品详情页还会展示购买产品能获得的福利，包括领取优惠券、享受折扣、获得赠品（见图 2-32）等，同时还会通过强调优惠幅度大以及优惠时间或数量有限来制造紧迫感，如图 2-33 所示。

图2-32　赠品

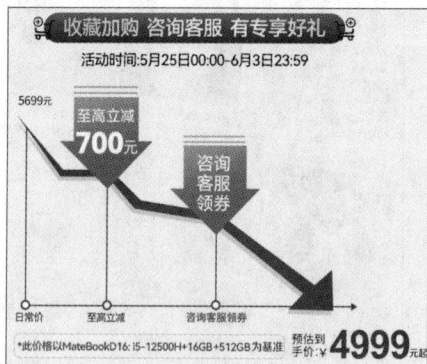

图2-33　强调优惠

综上所述，可以将产品详情页的组成结构总结为图 2-34 所示的模板，文案人员写作时可以参考该模板并根据实际情况做对应调整。

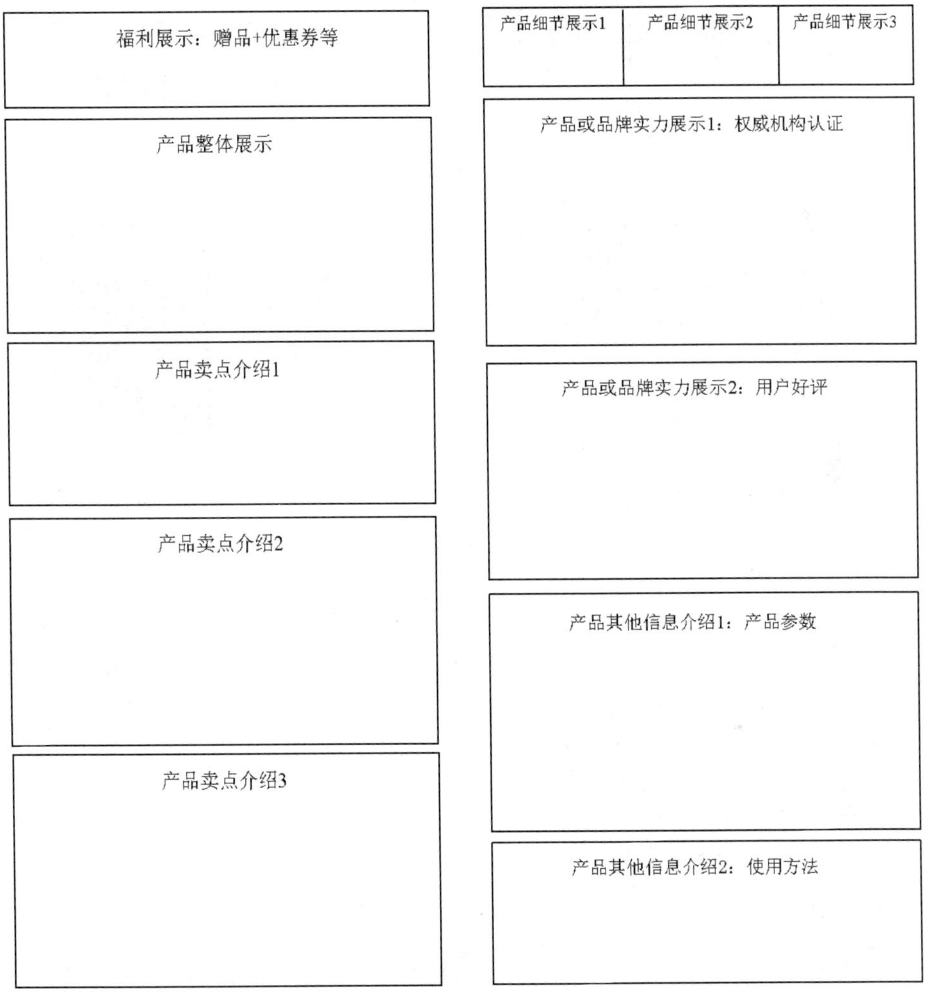
福利展示：赠品+优惠券等
产品整体展示
产品卖点介绍1
产品卖点介绍2
产品卖点介绍3
产品细节展示1
产品细节展示2
产品细节展示3
产品或品牌实力展示1：权威机构认证
产品或品牌实力展示2：用户好评
产品其他信息介绍1：产品参数
产品其他信息介绍2：使用方法

图2-34　产品详情页模板

（二）产品详情页的写作方法

小艾给李经理看某产品详情页，李经理点评说，这个产品详情页使用了对比手法，这是很常见的写作方法。其实，产品详情页的写作方法很多，常用的有以下几种。

1. 解决用户的痛点

痛点是指长期或反复出现、经常给用户带来不便的问题。描述用户痛点往往能让用户产生强烈共鸣，有助于获得用户的认同。文案人员可以通过先描述用户的痛点（见图 2-35），再提供解决痛点的方法（见图 2-36），将其与产品卖点联系在一起，从而快速打动用户，使其产生购买行为。

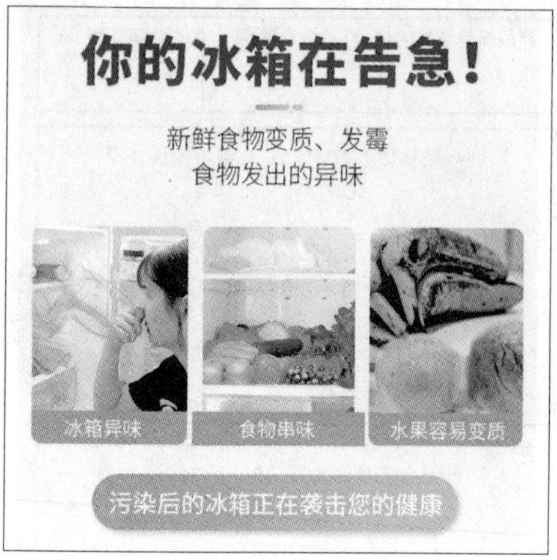

图2-35　描述痛点

图2-36　提供解决方法

2. 使用对比

对比是突出产品优势或效果的好方法。产品质量、材质和服务等都可以作为对比的对象，文案人员应该从用户关心的角度出发，将产品与同类产品就可能引起用户关注的方面进行对比。例如，服装类产品在做工、面料、厚薄、质地等方面进行对比；食品类产品从产地、包装、密封性、新鲜程度、加工和储存等方面进行对比；家电类产品从节能效果、使用便捷度、使用效果、智能化程度等方面进行对比（见图 2-37）。

素养小课堂

《广告法》第十三条：广告不得贬低其他生产经营者的商品或者服务。《反不正当竞争法》第十一条：经营者不得编造、传播虚假信息或者误导性信息，损害竞争对手的商业信誉、商品声誉。因此在将自身商品与同类商品进行对比时，对同类商品的称呼一定要模糊化处理（如普通商品等），不能明说品牌名，对比时也要客观公正，以避免违规违法。

此外，还可以在产品详情页中展示产品使用前后的对比效果，通过较大的反差对用户产生较强的视觉刺激，让他们意识到产品的使用效果十分明显，从而促使他们做出购买决定。这种方式尤其适用于清洁类产品的详情页，如除尘器、清洁剂（见图2-38）、洗衣液等。

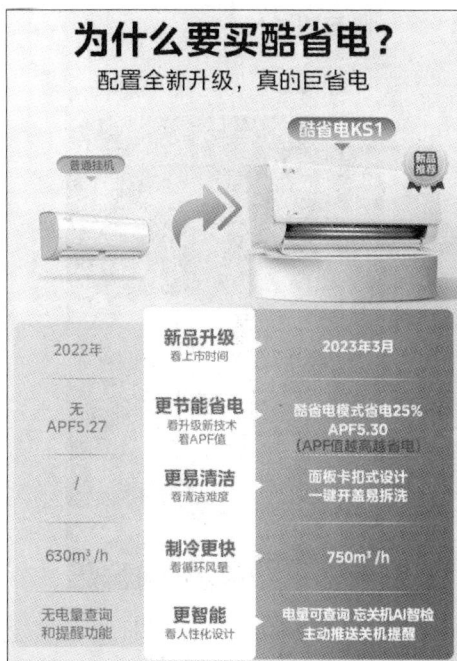

图2-37 与同类产品对比

图2-38 某清洁剂产品使用前后对比

3. 融入情感

融入情感是指运用产品所固有的或人为附加的情感来触动用户的内心情感,引起用户的共鸣。这种方法可以使用户对产品产生不一样的感情,增强用户对产品的认同。其基本思路是以动人的情感(如爱情、亲情、友情等)为出发点,通过生动的语言描述或场景刻画打造一个有温度、有画面感的情景,让用户有身临其境的感觉,从而打动用户的内心。图2-39所示为某按摩仪产品详情页文案融入情感的体现。该文案将产品与孝心联系起来,赋予了产品感情色彩,并强调产品能呵护家人健康。

4. 构建场景

构建场景就是通过营造特定的场景,将用户带入某种氛围或者情绪,增强用户的代入感。相对于干巴巴的卖点描述,构建场景的产品详情页更能加深用户对产品的认识。产品详情页构建场景一般通过图片或视频的直观呈现来促使用户自行想象自己拥有产品后的画面,进而产生向往之情和购物欲望。图2-40所示为构建使用电饭煲制作腊味饭的场景,该场景布置精美,食物颜色鲜艳,给人美好和幸福的感觉。

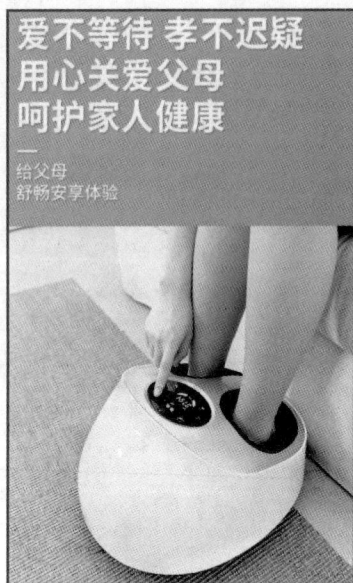

图2-39　融入情感

图2-40　构建场景

👤（三）产品详情页的排版

小艾问李经理，使用这些写作方法就能让产品详情页的内容更有说服力吗？李经理说，不一定，产品详情页的视觉效果也很重要。文案人员需要掌握产品详情页的排版，包括排版要点以及实际的排版操作。

1. 产品详情页排版的要点

在进行产品详情页排版时要考虑视觉上的美观性、协调性，具体需要注意以下几点。

（1）运用文字对比。文字对比可以让产品详情页中的文字内容层次分明、重点突出，有助于吸引用户的视线。文字对比主要体现在以下方面。

① 大小粗细对比。文字的大小粗细是体现信息重要性的主要依据，通常表示重要信息（如产品主要卖点、促销信息等）的文字要大而粗，表示次要信息的文字（如辅助说明）则小而细，如图 2-41 所示。

② 疏密对比。调整文字的疏密程度，将不同字体、字号和颜色的文字分类隔开，可以让信息呈现得更加清晰，层次更加分明。

③ 字体对比。为不同的文字设置不同的字体，可以丰富产品详情页的视觉效果。产品详情页通常使用 2~3 种字体。图 2-42 所示的产品详情页中，上方的"疯狂乐园"采用的是较活泼的字体，而下方的"一杯双饮""安全防漏"等内容则采用的是方正、严肃的字体。

图2-41 文字大小粗细对比

图2-42 字体对比

（2）适当留白。适当留白可以使页面更清晰、更易读，提升用户的视觉体验。具体来说，需要做好以下几点。

①保持适当的边距。页面中的各个元素要与边缘保持适当的距离，使页面不至于过于拥挤。

②避免过多的文字堆积。可以将文字适当分段，并使用标题、副标题、段落等来呈现信息，体现层次感。

③控制元素的数量。避免在页面上放置过多元素，如图片、按钮、Logo 等，保持页面简洁、清晰。

④注重视觉平衡。简单来说，视觉平衡就是均衡、稳定、和谐的视觉效果。在排版时，要将重要的元素放置在页面的中心或醒目位置，并在其周围留出一定的空白空间，以实现视觉平衡。

（3）保证排版的协调性。排版的协调性对于整个页面的视觉效果十分重要，通常来说，排版越协调，页面给用户的感觉越舒服。要保证排版的协调性，需要注意以下几个方面。

①统一配色方案。产品详情页的配色不能过于花哨，最好确定一个统一的配色方案，包括一个主色调和几个辅助色。确定好配色方案后，产品详情页的文字、图片、边框等的颜色都要严格按照该方案来设置。图 2-43 所示的产品详情页中，背景使用的是主色调——棕色，而文字、符号等使用的是辅助色——白色、黑色，没有强烈的颜色对比、冲突，整体效果十分和谐。

② 统一样式。产品详情页应该使用统一的样式，如使用相同的段落格式（如段落缩进、首行缩进等）、统一的表格样式（如框线粗细、表格背景等）以及统一的引用样式等。

③ 统一图片和图标。如果在产品详情页中使用多张图片或多个图标，应该确保它们在风格、大小和比例上保持一致。

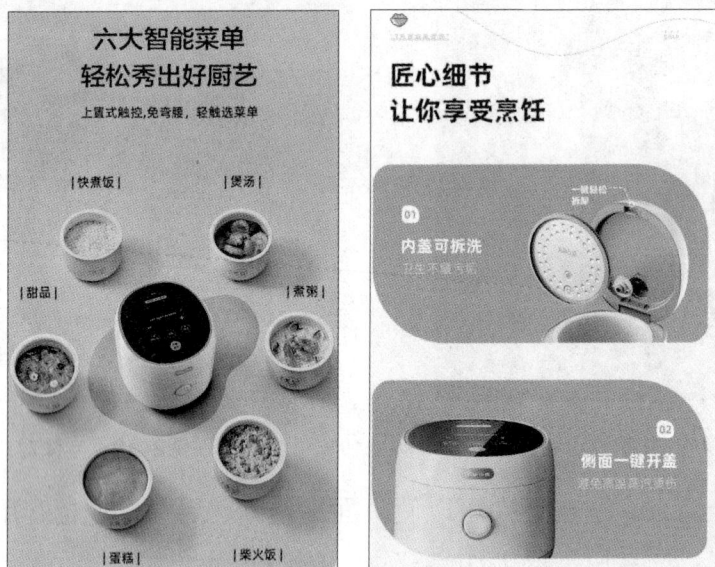

图2-43　统一配色方案

（4）重视移动端排版优化。随着移动互联网时代的到来，多数用户习惯通过移动端来访问产品详情页，因此文案人员要针对移动设备的特点，做好移动端产品详情页排版的优化，具体要注意以下几点。

① 内容简洁、有重点。移动设备的屏幕较小，用户浏览页面的时间也较短，因此，文案人员在排版时应该精简页面内容，突出重要信息。

② 按钮要大且易点击。产品详情页中会有一些按钮，如领取优惠券的按钮、加入会员的按钮等。由于移动端主要用手指操作，操作精准度不如网页端，因此这些按钮要足够大，使用户能够轻松点击，降低误操作的可能性。

③ 提高页面加载速度。移动设备的网络连接可能不稳定，为了防止页面加载时间过长，使用户不耐烦，文案人员在为产品详情页排版时，要避免使用过大尺寸的图片，可以使用图像压缩工具压缩图片（同时保证图片的清晰度），从而缩短加载时间。

2. 使用创客贴为产品详情页排版

当前网络上有很多在线设计网站，如创客贴、稿定设计、Canva可画等，这些网站提供了大量的模板，文案人员可以通过替换模板中的图片和文字，快速完成产品详情页排版。这里使用创客贴为一款拖鞋的产品详情页排版，具体操作如下。

步骤 01 进入创客贴首页并登录账号，在左侧列表中选择"模板中心"选项，在打开的页面中的"分类"栏中选择"电商"选项，在"场景"栏中选择"商品详情页"选项，然后在"价格"栏中选择"免费"选项，在下方的模板中选择"现代简约居家垃圾桶"对应的模板，如图2-44所示。

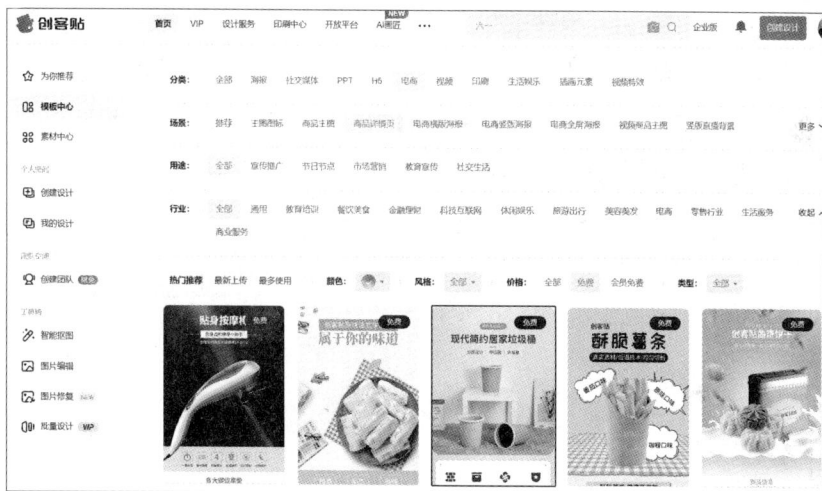

图2-44 选择模板

步骤 02 打开模板编辑页面，单击右下角的+按钮调整模板显示大小。选中模板中的第一张图片，单击右上角的回按钮，删去该图片。打开拖鞋整体展示图（配套资源：\素材文件\项目二\拖鞋\整体展示图.jpg）所在的文件夹，将整体展示图拖曳到删去图片后留下的空白区域。

步骤 03 此时整体展示图将显示在模板中，将鼠标指针移到整体展示图上，按住鼠标左键不放，拖动调整图片位置，然后拖动图片右下角调整其大小，使其与模板中的空白区域相协调，效果如图2-45所示。

步骤 04 选择该整体展示图，单击鼠标右键，在打开的快捷菜单中选择"置于底层"命令。此时整体展示图上将显示模板自带的"现代简约居家垃圾桶"等文字，如图2-46所示。

步骤 05 选择"现代简约居家垃圾桶"文字，将其修改为"云朵拖鞋"，删去整体展示图上的其他文字。选择"云朵拖鞋"文字，将鼠标指针移到上方工具栏，在"字体大小"下拉列表中选择"88"选项，如图2-47所示。

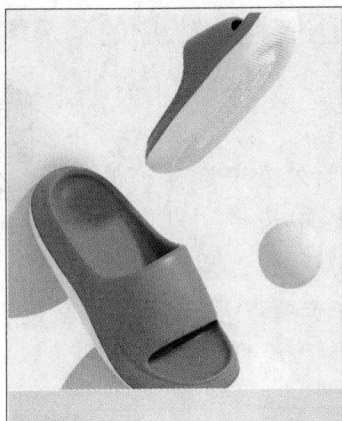

图2-45　调整后的效果

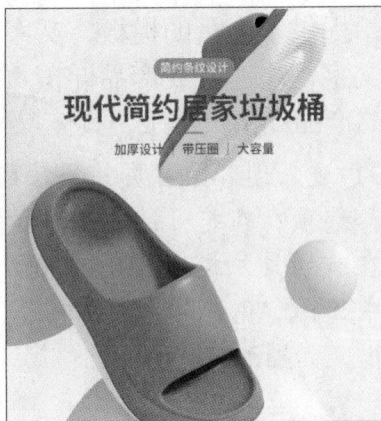

图2-46　置于底层

步骤 06 选择并删除下方的"加厚用料""压圈设计""安全无异味"等文字及其图标和英文翻译，如图2-48所示，同时，选择并删除白色背景框和写有"告别杂乱烦恼，家居井然有序"的图片。

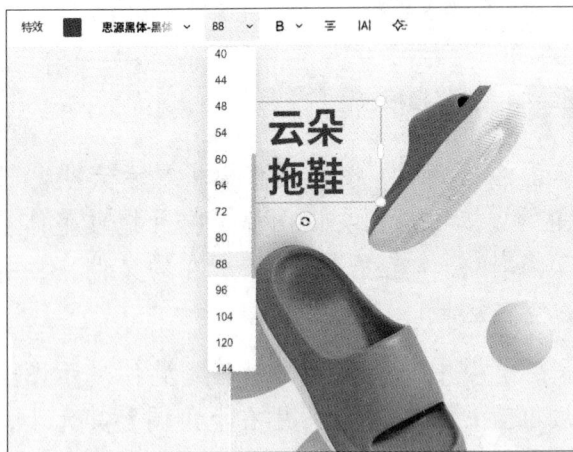

图2-47　修改文字并设置字体大小

图2-48　选择文字

步骤 07 将卖点展示图1（配套资源：\素材文件\项目二\拖鞋\卖点展示1.jpg）拖曳到删去图片后留下的空白区域，调整图片大小和位置，单击鼠标右键，在弹出的快捷菜单中选择"下移一层"命令。

步骤 08 将卖点展示图1上显示的文字修改为"柔软似气球 不易塌陷 久穿不

累脚", 并设置"柔软似气球"的字体大小为"64", 其他文字的字体大小为"40", 调整文字位置, 效果如图2-49所示。

步骤 09 删去写有"压圈设计 防止垃圾袋脱落"文字的图片, 将卖点展示图2(配套资源:\素材文件\项目二\拖鞋\卖点展示2.jpg)拖曳到删去图片后留下的空白区域, 设置卖点展示图2"下移一层", 将图中的文字修改为"防滑大底 稳步自如 鞋底防滑纹路 增加摩擦感", 并设置"防滑大底 稳步自如"的字体大小为"64", 其他文字的字体大小为"40", 调整文字位置, 效果如图2-50所示。

图2-49　调整后的效果(1)

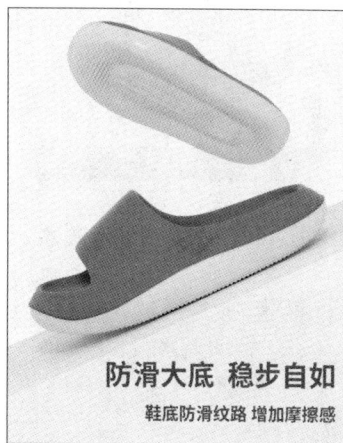

图2-50　调整后的效果(2)

步骤 10 将下方的"细节展示"文字修改为"多角度展示", 删去多余的文字和样式。选择下方的第一张图片, 将其替换为拖鞋侧面图(配套资源:\素材文件\项目二\拖鞋\拖鞋侧面.jpg), 调整图片大小和位置。

步骤 11 将下方"一体成型……"一行的文字修改为"侧面", 设置字体大小为"40", 选择文字, 在工具栏中单击 ≡ 按钮, 在打开的列表中选择"居中对齐"选项, 调整文字的位置, 使其位于中间位置。

步骤 12 按照相同的方法将下方的两张图片分别替换为拖鞋底部图、拖鞋正面图(配套资源:\素材文件\项目二\拖鞋\拖鞋底部.jpg、拖鞋正面.jpg), 调整文字大小和位置, 效果如图2-51所示。

步骤 13 删去下方的图片以及标示尺寸的横线和数字, 将温馨提示图(配套资源:\素材文件\项目二\拖鞋\温馨提示.jpg)拖曳到空白区域, 调整图片大小和位置。

步骤 14 修改下方表格里的内容, 修改后的效果如图2-52所示。

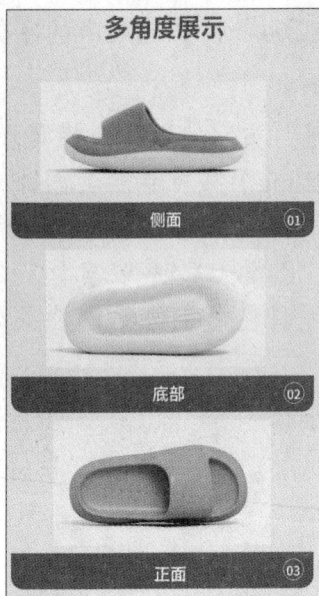

图2-51 多角度展示效果

图2-52 修改后的效果

步骤 15 单击右上角的 下载 按钮，在打开的对话框中单击 下载 按钮，将设计好的产品详情页下载到计算机中（配套资源：\效果文件\项目二\拖鞋产品详情页.jpg）。

同步实训 为调料架提炼卖点并写作产品详情页

📋 实训描述

佳实是一个日用品品牌，旗下产品包括收纳用品、厨房用品、清洁用品等。近期，该品牌推出了一款多功能旋转调料架，其主要信息如下。

- 材质为HIPS，有孔雀绿、珍珠白、活力橙、静谧蓝4色可选（见图2-53）。
- 外观采用竖纹设计，底部有镀金四脚，内部采用防滑荔枝皮纹。
- 开放式设计，拿取方便。
- 支持360°旋转，实现快速拿取。
- 边框加高设计，防止调料倾倒。
- 容量大，清洁方便。
- 除了调料，也支持收纳水果、化妆品等。
- 原价49元，现价29元。
- 享受权益：送运费险、1年质保、保价30天、破损包赔。

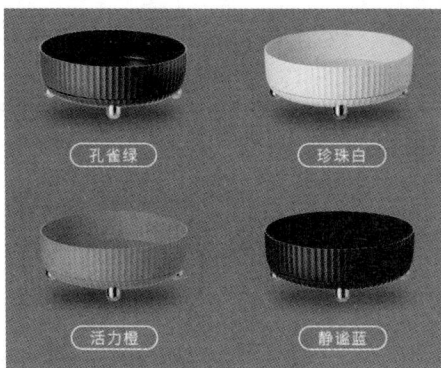

图2-53 多功能旋转调料架

本次实训要求同学们使用九宫格思考法为该调料架提炼卖点，并写作产品详情页，要求展示产品优势，并具有一定的视觉吸引力。

✂ 操作指南

此实训可以分为4个部分，分别为提炼卖点、确定产品详情页组成、写作产品详情页文案、产品详情页排版。

1. 提炼卖点

使用九宫格思考法提炼产品卖点时要放开思路，先将各种能想到的产品卖点都填到格子中，再进行取舍，具体步骤如下。

步骤 01 画好九宫格，在中央填上"调料架"，如图2-54所示，然后放开思路，根据产品信息，从外观、适用性、使用便捷度、售后等方面拓展，将九宫格的其他8个格子填满，图2-55所示为参考示例。

	调料架	

图2-54 填写主题

大容量	边框加高	4色可选
轻松拿取	调料架	内部防滑
清洁方便	多用途收纳	售后无忧

图2-55 卖点提炼示例

步骤 02 筛选主要卖点。产品详情页不需要堆砌太多卖点，否则难以突出重点，因此需要筛选几个用户较为关心且能体现产品核心优势的主要卖点。

参考示例： 如轻松拿取、大容量、清洁方便等。

你写作的： _____。

2. 确定产品详情页组成

明确组成是写作产品详情页的基础。产品整体展示、产品卖点介绍、产品细节展示是必不可少的，然后根据调料架的实际情况，产品其他信息介绍部分可以展示产品参数，其他部分不是必要的，这里不安排。

你规划的产品详情页的组成：_____
_____。

3. 写作产品详情页文案

产品详情页的文案不需要太多文字，语言要简练直观，内容要与图片相辅相成（配套资源：\素材文件\项目二\调料架\）。写作的具体步骤如下。

步骤 01 写作产品整体展示的文字介绍。产品整体展示是用户首先看到的部分，要让用户对产品形成总体认识，因此需要介绍清楚产品的名称、产品的核心卖点。核心卖点不做展开阐述，但表述可以适当修饰。

参考示例： 产品名称——多功能旋转调料架；核心卖点——轻松拿取、大容量、清洁方便。

你写作的： _____
_____。

步骤 02 写作核心卖点"轻松拿取"的文字介绍。阐述"轻松拿取"时，"轻松"是抽象的形容词，不直观，可用动词来生动描述如何拿取轻松，再补充说明调料架支持360°旋转，因此能实现快速拿取。

参考示例： 核心文案——轻轻一转，2秒快速取物；补充说明——360°顺畅旋转。

你写作的： _____
_____。

步骤 03 写作核心卖点"大容量"的文字介绍。阐述"大容量"时，核心文案可使用更通俗的说法——能装，并强调有多能装，再补充说明是由于大容量开放式设计，所以能装。

参考示例： 核心文案——比你想的更能装；补充说明——大容量开放式设计，满足更多收纳需求。

你写作的：＿＿＿＿＿＿＿＿＿＿＿＿＿＿＿＿＿＿＿＿＿＿＿＿＿
＿＿＿＿＿＿＿＿＿＿＿＿＿＿＿＿＿＿＿＿＿＿＿＿＿＿＿＿＿＿＿＿＿＿。

步骤 04 写作核心卖点"清洁方便"的文字介绍。阐述"清洁方便"时，核心文案同样要使用动词描述清洁的画面，再补充说明是由于圆润无死角的设计，所以清洁方便。

参考示例： 核心文案——油污一擦即净；补充说明——圆润无死角设计，清洗不留余地。

你写作的：＿＿＿＿＿＿＿＿＿＿＿＿＿＿＿＿＿＿＿＿＿＿＿＿＿
＿＿＿＿＿＿＿＿＿＿＿＿＿＿＿＿＿＿＿＿＿＿＿＿＿＿＿＿＿＿＿＿＿＿。

步骤 05 写作产品细节展示的文字介绍。根据调料架的外观，需要展示的细节包括竖纹设计、镀金四脚、荔枝皮纹3个部分。"竖纹设计"的文案可以从竖纹的立体美感这个角度切入，"镀金四脚"的文案可以强调镀金体现的高级感，"荔枝皮纹"的文案则可以说明此设计能防滑。

参考示例： 竖纹设计——别致竖纹，显立体美感；镀金四脚——镀金四脚，凸显品质与设计感；荔枝皮纹——内部防滑荔枝皮纹设计。

你写作的：＿＿＿＿＿＿＿＿＿＿＿＿＿＿＿＿＿＿＿＿＿＿＿＿＿
＿＿＿＿＿＿＿＿＿＿＿＿＿＿＿＿＿＿＿＿＿＿＿＿＿＿＿＿＿＿＿＿＿＿。

步骤 06 写作产品参数的文字介绍。这部分内容只需按照产品信息提炼即可。

参考示例： 产品名称——多功能旋转调料架；材质——HIPS；颜色——孔雀绿、珍珠白、活力橙、静谧蓝。

你写作的：＿＿＿＿＿＿＿＿＿＿＿＿＿＿＿＿＿＿＿＿＿＿＿＿＿
＿＿＿＿＿＿＿＿＿＿＿＿＿＿＿＿＿＿＿＿＿＿＿＿＿＿＿＿＿＿＿＿＿＿。

4. 产品详情页排版

写好文案后，需要通过在线设计网站，利用之前写的文案以及提供的素材图片进行产品详情页排版，具体步骤如下。

步骤 01 进入创客贴"模板中心"页面，设置"分类"为"电商"，"场景"为"商品详情页"，"价格"为"免费"，然后选择"现代简约居家垃圾桶"对应的模板，如图2-56所示。

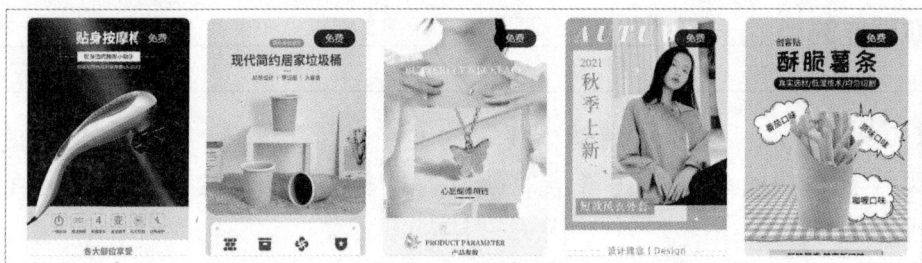

图2-56　选择模板

步骤 **02** 打开模板编辑页面，将第一张图片替换为调料架的整体展示图（配套资源：\素材文件\项目二\调料架\整体展示.png），并将其设置为"置于底层"，调整图片大小和位置。修改其中的文字，单击工具栏中的"调色板"按钮▉，在打开的面板中选择"#ffffff"选项，将字体颜色设置为白色，如图2-57所示。删去多余的文字和样式。选择灰色背景并将其删去，效果如图2-58所示。

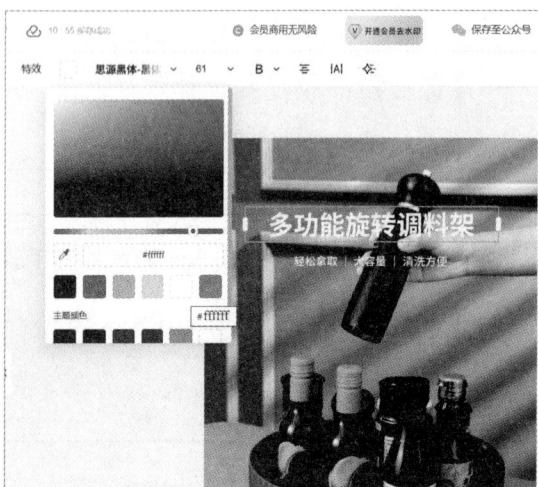

图2-57　设置字体颜色

图2-58　修改后的效果

步骤 **03** 按照相同的方法将写有"告别杂乱烦恼 家居井然有序"的图片替换为轻松拿取卖点展示图（配套资源：\素材文件\项目二\调料架\轻松拿取卖点展示.jpg），并将其设置为"置于底层"。修改其中的文字，设置核心文案的字体大小为"54"，补充说明文案的字体大小为"36"，设置文字的颜色为白色，删除多余的样式，效果如图2-59所示。

步骤 **04** 将鼠标指针移到画布下边缘，此时将显示"上下移动画布高度"，按住鼠标左键向下拖曳，调大画布的高度。

步骤 05 将鼠标指针移到"细节展示"文字左上角，按住鼠标左键向右下角拖曳，框选下方的图片和文字，按【↓】键调整框选部分的位置，使模板留出足够的空白区域，如图2-60所示。

步骤 06 将写有"压圈设计 防止垃圾袋脱落"文字的图片替换为大容量卖点展示图（配套资源：\素材文件\项目二\调料架\大容量卖点展示.jpg），修改其中的文字，设置核心文案的字体大小为"54"，补充说明文案的字体大小为"36"，删除多余的样式，效果如图2-61所示。

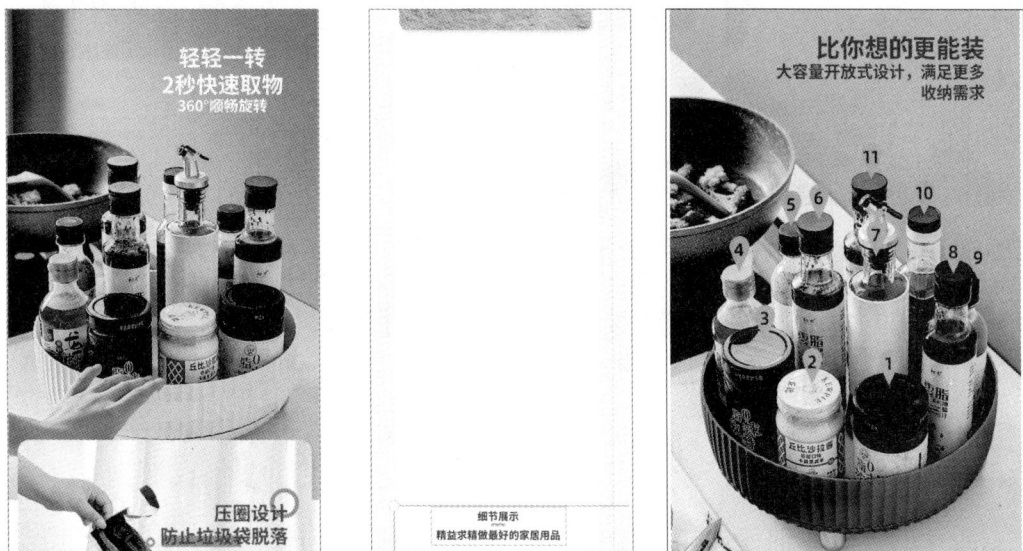

图2-59 设置后的效果（1） 图2-60 留出足够的空白区域 图2-61 设置后的效果（2）

步骤 07 将清洁方便卖点展示图（配套资源：\素材文件\项目二\调料架\清洁方便卖点展示.png）拖曳到下方的空白区域，调整图片大小和位置。复制上方的"比你想的更能装……"文字，粘贴到清洁方便卖点展示图上，修改其中的文字，设置文字颜色为白色，效果如图2-62所示。

步骤 08 删去下方文字中的"精益求精做最好的家居用品"，依次替换下方图片为调料架细节展示图（配套资源：\素材文件\项目二\调料架\竖纹细节展示.png、镀金四脚细节展示.png、荔枝皮纹细节展示.png），修改相应文字，效果如图2-63所示。

步骤 09 将下方标示垃圾桶尺寸的图片替换为调料架尺寸图片（配套资源：\素材文件\项目二\调料架\尺寸.png），修改下方表格中的内容，适当调整表格大小，效果如图2-64所示。

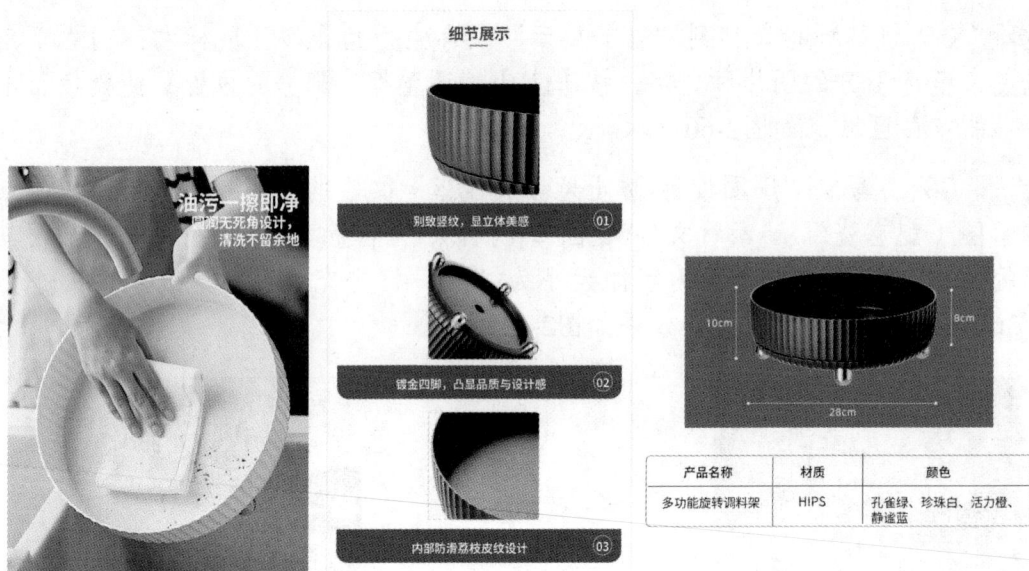

图2-62　设置后的效果（3）　图2-63　设置后的效果（4）　　图2-64　设置后的效果（5）

步骤 10 单击右上角的 下载 按钮，在打开的对话框中单击 下载 按钮，将设计好的产品详情页下载到计算机中（配套资源：\效果文件\项目二\调料架产品详情页.jpg）。

💬 实训评价

同学们完成实训操作后，提交所提炼的卖点以及所排版的产品详情页，老师据此按表2-2所示内容进行打分并点评。

表 2-2　实训评价

序号	评分内容	总分	老师打分	老师点评
1	提炼的卖点是否全面、合理	20		
2	产品详情页文案是否全面介绍了产品，是否能直观阐述产品卖点	40		
3	产品详情页的排版是否美观、有视觉冲击力	40		

总分：＿＿＿＿＿＿＿＿＿＿

范例分析 优秀产品详情页助力网店销售

某网店有一款保鲜袋的销量比较高，转化率高，通过分析发现其原因是产品详情页（见图 2-65）做得好。

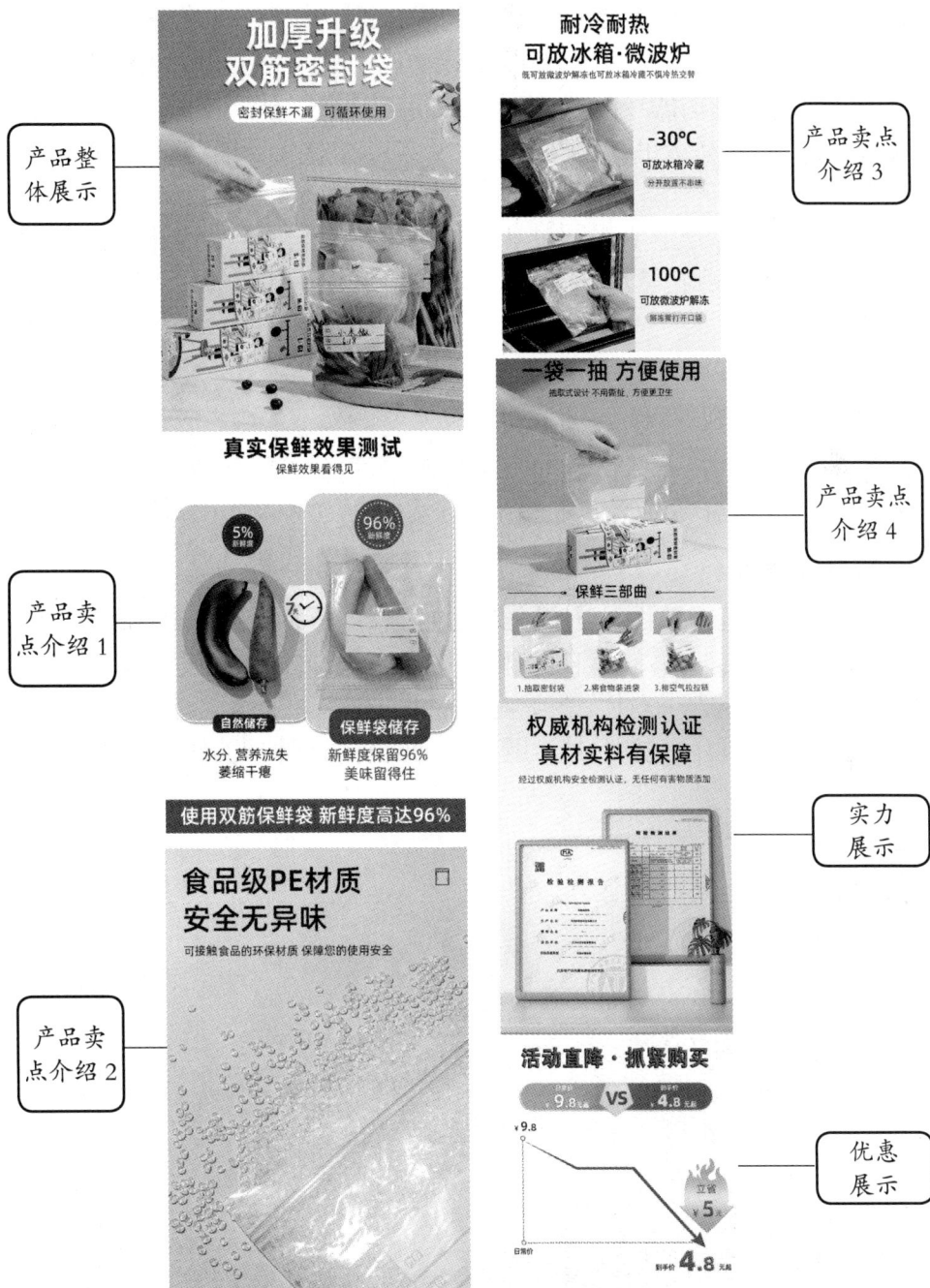

图2-65 某款保鲜袋产品详情页

该产品详情页的内容全面、重点突出，这里主要从以下几个方面进行分析。

1. 写作思路清晰

该产品详情页在整体规划上有较强的逻辑性，各部分的作用明确。

（1）首先通过有视觉冲击力的整体展示吸引用户关注和继续浏览。

（2）其次通过翔实的产品卖点介绍让用户全面了解产品的优势，包括"保鲜效果看得见""食品级 PE 材质""耐冷耐热""一袋一抽"，促使用户对产品产生兴趣。

（3）实力展示部分主要是通过展示权威机构检验检测结果和报告说明产品的安全性，展示时强调了检测所证明的结论——无有害物质添加，可以很好地打消用户的顾虑。

（4）最后通过强调优惠幅度，促使用户立即下单。

2. 文案简洁直观

该产品详情页的语言通俗易懂、简洁明了，语气干脆，在必要的地方使用了数字（如新鲜度高达 96%、−30℃可放冰箱冷藏等），使表达更加直观。

3. 排版效果好

该产品详情页选择的图片不仅美观，而且都将产品放置在具体的场景中（如将保鲜袋装满水果、蔬菜放置在冰箱中），丰富了页面的视觉效果。此外，产品详情页运用了字体大小对比、粗细对比等方法，体现了层次感，便于用户查看。而对于重要的优惠展示，排版时运用了独特的折线图和火焰图案，突出了重点信息。

课后习题

1. 单选题

（1）下列不属于电商产品文案的是（　　）。

    A. 产品主图文案　　　　　　　　　B. 产品标题

    C. 会员促销海报文案　　　　　　　D. 产品详情页

（2）下列各项中不属于电商产品标题敏感词的是（　　）。

    A. 独家　　　　　B. 第一　　　　　C. 唯一　　　　　D. 热卖

（3）下列说法中，不正确的是（　　）。

    A. 电商产品文案要做到图文并茂

    B. 产品标题能在很大程度上影响产品的流量

    C. 主图文案只能是纯图片

    D. 产品详情页主要是对产品各方面信息的展示与描述

（4）下列各项中不属于常见关键词类型的是（　　）。

    A. 核心关键词　　　　　　　　　　B. 营销关键词

　　C．类目关键词　　　　　　　　　D．名人关键词

2. 多选题

（1）产品详情页中常见的图片类型有（　　　）。

　　A．产品整体展示图　　　　　　　B．产品细节图

　　C．产品设计及功能图　　　　　　D．操作演示图

（2）以下各项中，属于在产品标题中滥用关键词的情形的有（　　　）。

　　A．在产品标题中使用和本产品属性不匹配的关键词

　　B．在产品标题中使用其他产品的品牌名

　　C．产品标题中出现与其他产品或品牌相比较的情况

　　D．在产品标题中恶意添加虚假的促销相关词汇

（3）以下哪几项有助于做到适当留白？（　　　）

　　A．保持适当的边距

　　B．用标题、副标题、段落呈现信息

　　C．控制页面上元素的数量

　　D．使用大而粗的文字

（4）下列各项中，属于产品详情页内容的是（　　　）。

　　A．产品外观、材质、功能

　　B．产品获得的权威认证

　　C．产品获得的用户好评

　　D．产品的售后保障和品牌介绍

3. 判断题

（1）标题可以在短时间内频繁修改，这样有可能获取更多流量。

（　　　）

（2）产品标题中可以加入大量"/"（分隔号）、"·"（间隔号）等符号。

（　　　）

（3）FAB 法则，即属性（Feature）、优势（Advantage）和益处（Benefit）法则。 （　　　）

（4）类目关键词的作用是防止同一产品因不同称呼而错失流量。

（　　　）

（5）文案人员可以通过电商平台搜索下拉列表框挖掘关键词。　（　　　）

项目总结

写作电商产品文案

- **认识电商产品文案**
  - 电商产品文案的分类 ⊙ 产品标题、产品主图文案、产品详情页
  - 电商产品文案的写作要求 ⊙ 通俗易懂、图文并茂、强调产品价值

- **提炼产品卖点**
  - 使用九宫格思考法提炼产品卖点 ⊙ 将产品写在正中间的格子内，将产品优点写在其他8个格子内，反复思考，自我辩证
  - 使用FAB法则提炼产品卖点 ⊙ F即属性（Feature），A即优势（Advantage），B即益处（Benefit）

- **写作产品标题**
  - 关键词的类型 ⊙ 核心关键词、营销关键词、属性关键词、类目关键词、品牌关键词
  - 关键词的挖掘与组合 ⊙ 关键词的挖掘、关键词的组合
  - 产品标题写作的禁忌 ⊙ 严禁使用敏感词；切勿堆砌关键词、严禁滥用无关关键词、严禁滥用标点符号

- **写作主图文案**
  - 主图文案的写作要求 ⊙ 内容精练、体现差异化、要有视觉吸引力、根据目标用户定位进行设计
  - 主图文案的写作技巧 ⊙ 数字展示、利益诱导、展示产品使用效果、感情渲染

- **写作产品详情页**
  - 产品详情页的组成 ⊙ 产品整体展示、产品细节展示、产品卖点介绍、产品其他信息介绍、产品或品牌实力展示、福利展示
  - 产品详情页的写作方法 ⊙ 解决用户的痛点、使用对比、融入情感、构建场景
  - 产品详情页的排版 ⊙ 产品详情页排版的要点、使用创客贴为产品详情页排版

项目三

写作微博文案

小艾最近喜欢上了A女装品牌，关注了该品牌的官方微博账号。她发现该品牌的官方微博账号经常发布与品牌最新动态、品牌设计理念等相关的内容，还时常与粉丝互动，号召粉丝转发微博、在评论区留言等。由于该品牌的微博文案幽默俏皮，一段时间后小艾成了该品牌的忠实粉丝。

李经理听说后告诉小艾，现在很多品牌都在微博上发布文案进行营销，微博文案也因此成为一种十分重要的新媒体文案。

学习目标

知识目标
1. 熟悉微博文案的特点和分类。
2. 掌握微博文案的写作技巧。

能力目标
1. 能够判断微博文案的类别。
2. 能够写作有吸引力的微博文案。

素养目标
1. 保持公平公正，不因个人好恶随意发表言论。
2. 秉持正确的价值观，不靠负面热点吸引眼球。

任务一 认识微博文案

任务描述

李经理说，微博是一个开放性的资讯平台，也是各品牌发布新闻和动态的重要渠道。微博上每天会产生海量的信息，用户也希望通过微博了解最新的资讯和热点。微博的这些特点让微博文案也具有很多独特之处。小艾听后对微博文案更感兴趣，李经理便详细为她介绍微博文案的基础知识。

任务实施

（一）微博文案的特点

李经理和小艾一起浏览了很多品牌发布的微博文案，发现这些微博文案虽然简短，但很能抓住时下的热点，读起来也很有趣味。接着，李经理总结了微博文案的特点，包括短小精悍、带话题标签、传播快速、趣味性强等。

1. 短小精悍

微博上的内容更新速度非常快，用户也习惯在微博上接受碎片化的信息，因此微博文案往往短小精悍。在撰写微博文案时，字数以 100 ~ 120 字为佳，文案内容要通俗易懂，便于用户快速理解，从而引发用户的思考和传播。

2．带话题标签

微博的一大特色是话题,话题常用标签来标注,如＃端午节＃、＃防晒＃等。恰当的话题标签能够准确描述微博文案的主题,让用户一目了然。而且微博会为话题创建专属的页面(见图3-1),用户在微博文案中加入相关的话题标签可以增加文案在话题页面的曝光机会,尤其是热门话题标签,能吸引更多的关注。

此外,如果品牌需要开展特定活动,可以自建话题,利用话题吸引其他用户参与讨论,提升话题的热度。如果话题有热度,还可能成为热门话题,引起更多用户的评论,使文案获得更广泛的传播,如图3-2所示。

图3-1　话题页面

图3-2　自建话题

3．传播快速

一篇成功的微博文案,尤其是能引起用户情感共鸣、让用户觉得有趣的微博文案,会在极短的时间内引发众多用户的点赞、评论、转发,从而达到快速传播的目的,这也是微博文案的一个特点。

4．趣味性强

微博是一个娱乐性较强的平台,很多网络流行语、表情包、段子等都源自微博。在这样一个平台中,微博文案自然具有很强的趣味性。首先,微博文案语言轻松活泼、充满个性,甚至有些无厘头(见图3-3),同时还可能加入大量网络流行语、表情符号等。其次,很多微博文案还会配上夸张搞怪的图片(见图3-4)、GIF动图、表情包等,制造幽默效果,趣味性十足。

图3-3　无厘头的语言

图3-4　夸张搞怪的配图

（二）微博文案的分类

李经理继续说，微博文案虽然数量大，但归纳起来可以分为产品宣传文案、内容分享文案、品牌传播文案、活动宣传文案和粉丝互动文案等。

1. 产品宣传文案

产品宣传文案侧重于直接宣传产品，通常会开门见山地介绍产品卖点以及产品促销信息，并号召用户购买，如图 3-5 所示。

2. 内容分享文案

内容分享文案侧重于分享有趣、搞笑、实用的内容，以吸引用户关注，获取流量。图 3-6 所示的微博文案通过简洁明了的文字和清晰的配图，将实用的知识传递给用户。

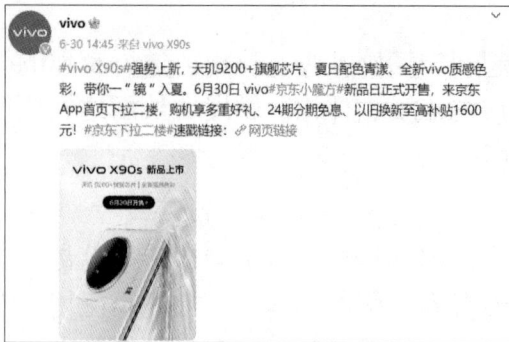

图3-5　产品宣传文案

图3-6　内容分享文案

3. 品牌传播文案

品牌传播文案是用于推广和宣传品牌形象的文案。很多品牌会通过官方微博账号发布与品牌相关的内容，如发布品牌最新动向（见图 3-7）、展示品牌实力（见图3-8）、讲述品牌故事、传播品牌理念等，以加深用户对品牌的认知，让品牌在用户心中留下良好的印象。

图3-7 发布品牌最新动向

图3-8 展示品牌实力

4. 活动宣传文案

活动宣传文案主要用于宣传和推广各种线上或线下活动，如线上直播活动（见图3-9）、线下见面会、展销会等，让用户了解活动的相关信息，并激发他们的兴趣和参与欲望。

图3-9 宣传线上直播活动

5. 粉丝互动文案

粉丝互动文案是专门与粉丝互动的文案，旨在增加粉丝的黏性和参与度。它可以采用多种形式，如征集意见、征集作品、邀请点评、发起话题讨论（见图3-10）等。

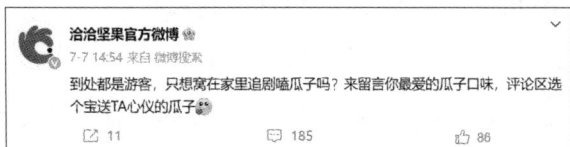

图3-10 发起话题讨论

任务二 着手写作微博文案

任务描述

小艾又浏览了 A 女装品牌的微博，发现有多种类型的文案。李经理仔细分析后认为，这些类型的微博文案使用了一些共同的写作技巧。

任务实施

（一）借势热点

小艾发现最近微博上各品牌都发布了与端午节相关的微博文案。李经理说，临近端午节，端午节是当前的网络热点，是广大用户关注的焦点，在微博中借助高关注度的网络热点宣传品牌，可以快速获得用户的关注。

在借势热点时，需要在品牌与热点之间建立关联，二者的关联越紧密、越合理，品牌相关信息越容易被用户接受。可以借势的热点主要有以下 3 种。

（1）节假日热点。节假日（如端午节、中秋节等传统节日）往往受到广大用户的关注和讨论，是常见的热点。在借势节假日热点写作微博文案时，可以直接表达品牌对用户的祝福，也可以将品牌与节假日元素结合起来。图 3-11 所示的微博文案将儿童节与品牌产品——零食相结合，号召用户吃零食做回小孩，十分符合品牌定位。

（2）赛事热点。体育赛事往往受到很多人的关注，如奥运会、亚运会、世界杯等。借势赛事热点时需要注意赛事的观众，如足球迷、篮球迷等（当然也有奥运会这样全民关注的赛事），写作有针对性的微博文案。很多赛事的持续时间较长，会出现不同的子热点，如奥运会就有诞生首金、××蝉联、××破纪录等子热点。应注意的是，不要随意使用赛事标志、运动员形象等，避免侵权。

（3）时事热点。时事热点较为复杂，借势时一定要谨慎，最好选择正面、争议较小的事件，如好人好事、高考等。此外，还应结合品牌的定位和价值观，以独特的观点和角度表达品牌主张。图 3-12 所示的微博文案借势高考热点，并通过品牌名称中"葵"字与"魁"字同音的双关，送出一举夺魁的祝福，很自然地在品牌与时事热点——高考之间建立了关联。

素养小课堂

有些文案人员为了吸引眼球，会借势名人八卦、猎奇新闻等热点，这样的做法非常不妥，会影响网络风气，甚至会造成违背社会公序良俗的内容被大量传播。

图3-11　借势节假日热点

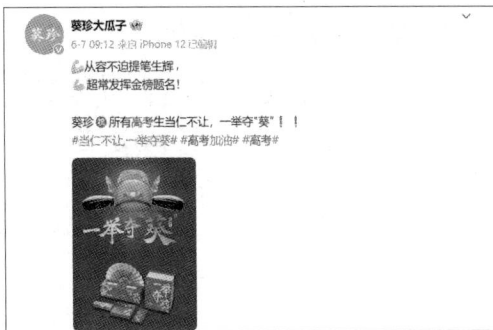

图3-12　借势时事热点

（二）关联营销

小艾注意到 A 女装品牌在微博文案中 @B 美妆品牌，觉得很惊讶，因为两个品牌貌似没什么交集。李经理说这叫关联营销，目前十分常见。

关联营销就是一个品牌与另一个品牌进行合作推广，通过双方的合作引起更多用户的关注，从而提高品牌曝光度。关联营销的标志是"@×× 品牌"（即关联的品牌）。

在开展关联营销时要注意在品牌与关联品牌之间建立关联，突出二者的共同点，还可以引导用户做出具体的行为，如留言、转发、购买联合产品、关注合作双方的官方微博账号等。图 3-13 所示为速冻食品品牌关联豆制品品牌的营销文案，文案通过"夏日消暑小卖部"将两个品牌关联起来，突出了两个品牌产品清凉解暑的共同点。此外，还通过带话题留言抽奖的活动促使用户参与互动，增加微博的热度。

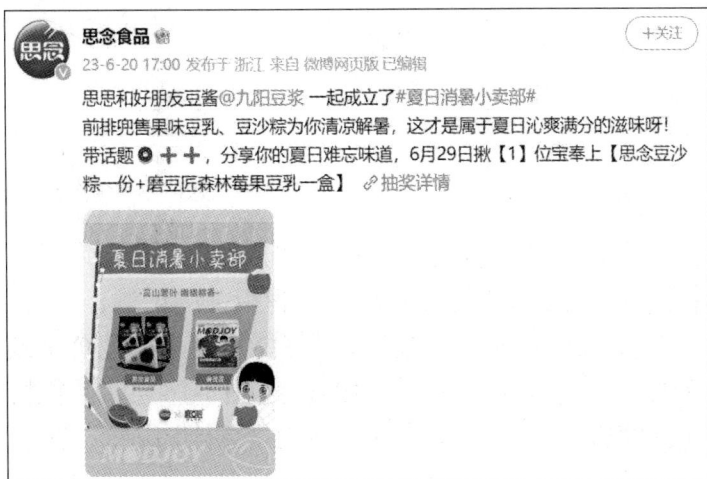

图3-13　关联营销

👤（三）与粉丝互动

小艾发现，A女装品牌宣传新品的微博也在与粉丝互动，呼吁粉丝留言、转发。李经理说与粉丝互动是各类微博文案都会采用的写作技巧，不仅有助于增加微博的留言数、转发数，还可以拉近品牌与粉丝的距离。

与粉丝互动的重点是激发粉丝的参与积极性。具体来说，应注意以下几点。

（1）引起粉丝兴趣。与粉丝互动时通常从粉丝感兴趣或熟悉的角度切入，如喜欢吃甜粽子还是咸粽子等，并使用轻松幽默的语言，提供互动奖励（如抽奖、赠品、优惠券等），促使粉丝主动参与互动，如图3-14所示。

（2）创造互动场景。与粉丝互动时需要创造一个场景，让粉丝能够融入其中，与品牌产生共鸣和情感连接。这样的场景可以是生活情景，也可以是使用品牌产品的情景等。图3-15所示的微博文案创造了一个周末休假的场景，让正在享受周末的粉丝有参与分享的冲动。

（3）根据粉丝反馈优化粉丝互动文案。品牌往往会长期发布粉丝互动文案，文案人员在写作粉丝互动文案时，应该考察之前的粉丝互动文案收到的反馈，包括留言数、转发数以及具体的粉丝留言内容等，总结经验与教训（如粉丝对有奖转发的参与热情高，或粉丝认为互动规则过于复杂等），对粉丝互动文案进行优化。

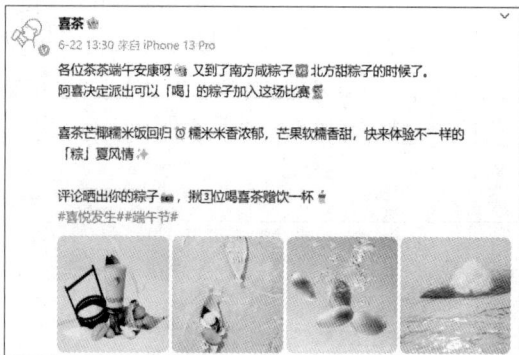

图3-14　引起粉丝兴趣

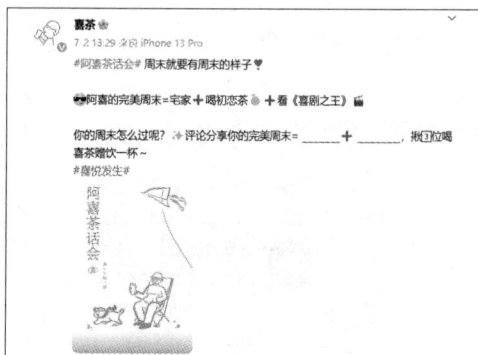

图3-15　创造互动场景

（4）合理设置互动方式。与粉丝互动时可以选择以下几种方式。

① 发起话题讨论。互动话题可以是与品牌相关的话题，也可以是与粉丝兴趣、时事热点相关的话题，但不宜太复杂，最好能用简单的几个字或一句话参与。抛出话题后要鼓励粉丝分享他们的想法和观点。图3-16所示的微博文案发起"近日的小喜事"的话题，该话题与粉丝的日常生活密切相关，因而粉丝参与的积极性很高。

② 有奖转发。有奖转发即在微博文案中承诺转发微博文案就有机会参与抽

奖。这种互动方式能明显提升微博文案转发数，常用于推广新品、宣传活动等。图 3-17 所示的抽奖文案要求粉丝转发时带上品牌新品专属的话题标签，粉丝转发后其他微博用户也可以看到该话题标签，有助于提高新品的曝光度。

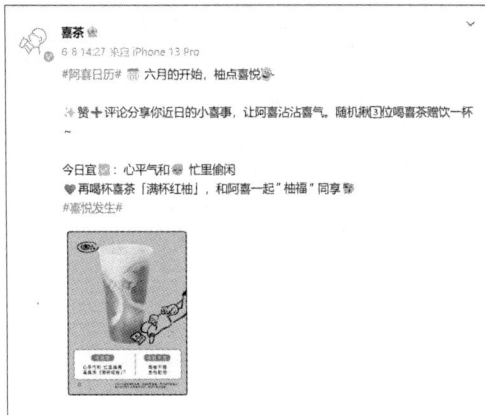

图3-16　发起话题讨论

图3-17　有奖转发

③ 有奖征集。有奖征集是指品牌开展的针对创意、文案、买家秀、与品牌的故事等的征集活动，粉丝根据要求参与活动，就有机会获得奖品。品牌发起有奖征集时要交代清楚征集的是什么、为何要征集、参与征集可能获得的奖励等，并自建话题标签，要求粉丝带话题标签发微博（以便其他用户在话题页面查看已征集到的所有作品）。图 3-18 所示的微博文案向粉丝征集有关科技梦的绘画作品，且自建了一个话题标签。

素养小课堂

开展有奖转发、有奖征集时要严格遵守活动规则，例如，抽奖时要保证公正，不能凭个人喜好将奖品发放给认识的人，抽奖后要及时公布获奖者名单。只有做到诚实守信，才会给用户留下好的印象。

④ 发起任务。文案人员可以提出一些与品牌相关的有趣任务，鼓励粉丝完成任务并分享结果。写作此类文案时要突出任务的挑战性和趣味性，以促使粉丝参与。图 3-19 所示为饿了么发布的微博文案，该文案发起"30 天不重样吃瓜外卖大赛"、形式新颖、有趣且能与品牌呼应。

经验之谈

此外，与粉丝互动的形式还包括发起投票、有奖竞猜等。除了发布微博文案，在留言区与粉丝互动也是十分有必要的，如回复粉丝提问、点赞粉丝回复、感谢粉丝参与等都能让粉丝感到被重视。

图3-18　有奖征集

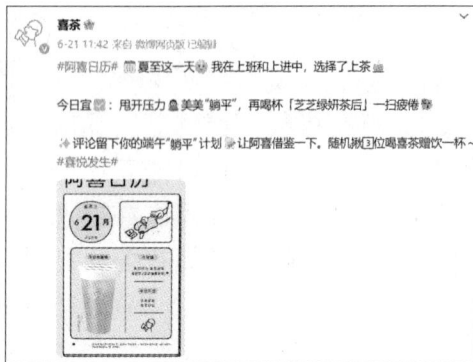

图3-19　发起任务

动手做

判断粉丝互动方式

查看图3-20所示的粉丝互动文案，在对应横线位置填写所采用的粉丝互动方式。

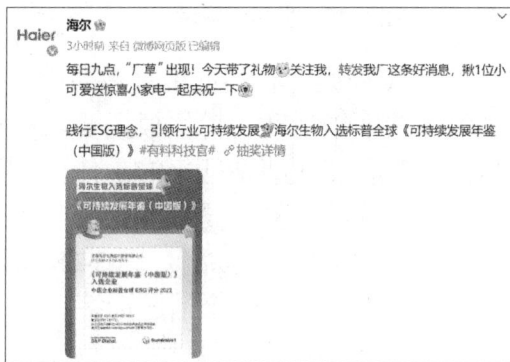

图3-20　粉丝互动文案

同步实训　为日用品品牌写作微博文案

实训描述

　　家新是一个日用品品牌，旗下产品有收纳盒、置物架、垃圾桶、清洁用具等。近日，该品牌注册了微博账号，打算通过微博文案宣传新品收纳盒（有大、中、小3种规格，采用加厚PP材质制作），并通过与粉丝互动，以塑造有亲和力的品牌形象。

　　请同学们为该品牌写作收纳盒宣传文案，并借势热点；同时写作粉丝互动文案。

🔧 操作指南

本实训需要分别写作产品宣传文案和粉丝互动文案，具体步骤如下。

步骤 01 借势热点写作产品宣传文案，如图3-21所示。新品上市时有个热点是春节，文案人员可以从春节买收纳盒收纳年货的角度切入，顺势植入品牌信息。注意品牌信息融入要自然，语言尽量轻松、口语化，再加入#囤年货#话题标签、品牌的产品图片和各种表情符号，最后在微博中发布。

参考示例：　　　　　　　　　　　　　　**你发布的：**

图3-21　写作产品宣传文案

步骤 02 写作粉丝互动文案，如图3-22所示。与粉丝互动的方式很多，这里可以选择发起话题讨论，具体可以选择与品牌相关的话题，如"最累人的是哪项家务"，号召粉丝积极留言，承诺从评论区抽幸运粉丝送出奖品。写作时要交代清楚抽奖规则，不需要太多文字和铺垫，直接提出话题即可。

参考示例：　　　　　　　　　　　　　　**你发布的：**

图3-22　写作粉丝互动文案

💬 实训评价

同学们完成实训操作后，提交写好的文案，老师据此按表3-1所示内容进行打分并点评。

表 3-1   实训评价

序号	评分内容	总分	老师打分	老师点评
1	写作的产品宣传文案是否在品牌与热点间建立了关联	50		
2	写作的粉丝互动文案是否能号召粉丝参与互动	50		

总分：＿＿＿＿＿＿＿＿＿

范例分析   盒马借助微博文案打造品牌

生鲜品牌盒马一直非常重视利用微博文案开展营销。其官方微博账号每天都会发布 3~4 条微博文案，内容涉及面很广，有借势热点的文案（见图 3-23），有关联营销文案（见图 3-24），有粉丝互动文案，如发起话题讨论（见图 3-25）、有奖转发（见图 3-26）等。

图3-23   借势热点的文案

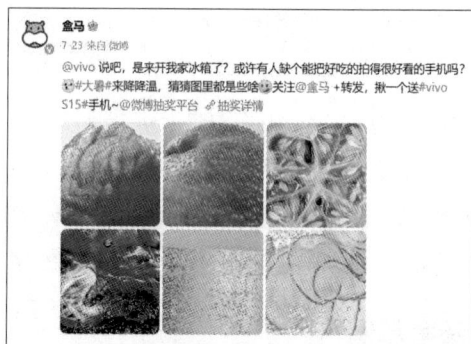

图3-24   关联营销文案

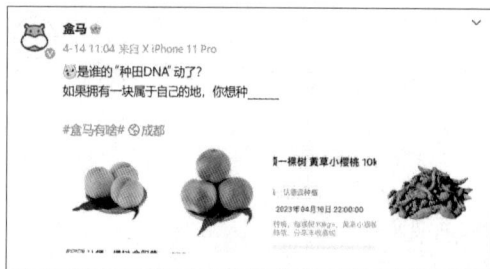

图3-25   发起话题讨论

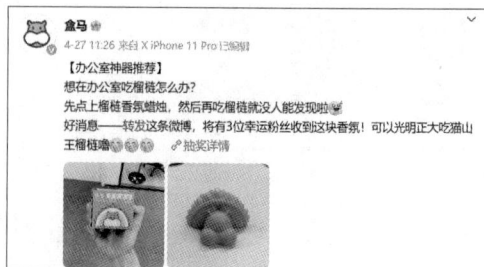

图3-26   有奖转发

这些高质量的微博文案帮助该品牌获得了不少粉丝的好感，取得了不错的营销效果。具体来说，其微博文案具有以下优点。

1. 趣味性强

该品牌的微博文案内容轻松、生活化，多与年轻人关注的话题或热点有关，且语气活泼，不仅加入了很多网络流行语，还使用了很多表情符号，这都让该品牌的微博文案充满趣味性和吸引力。

2. 互动方式新颖

该品牌的微博文案通过各种方式与粉丝互动，很好地塑造了富有亲和力的品牌形象。例如，图 3-25 的微博文案以填空的形式抛出一个话题，让粉丝按照自己的想法做出回答。又如，图 3-26 的微博文案从如何在办公室吃榴梿这个话题切入，以吸引粉丝的关注，再号召粉丝转发，效果自然更好。

3. 品牌营销信息融入自然

该品牌的微博文案没有直接地宣传品牌，而是将品牌与热点、话题等自然地结合起来，广告的痕迹很淡。例如，图 3-26 的微博文案表面上是在谈论吃榴梿，实际上是介绍品牌产品——榴梿香氛蜡烛。又如，图 3-23 的微博文案表面上是谈论吃月饼还是粽子，其实间接植入了品牌产品——松露粽的广告。

课后习题

1. 单选题

（1）下列各项不属于微博文案特点的是（　　　　）。

A. 短小精悍　　　　　　　　　B. 带话题标签

C. 传播快速　　　　　　　　　D. 内容严谨科学

（2）在借势热点时，可以借助的热点不包括（　　　　）。

A. 传统节气　　　　　　　　　B. 体育赛事

C. 节假日　　　　　　　　　　D. 敏感社会事件

（3）（　　　　）是用于推广和宣传品牌形象的文案。

A. 产品宣传文案　　　　　　　B. 内容分享文案

C. 品牌传播文案　　　　　　　D. 电商产品文案

2. 多选题

（1）微博文案的类型包括（　　　　）。

A. 产品宣传文案　　　　　　　B. 内容分享文案

C. 品牌传播文案　　　　　　　D. 粉丝互动文案

（2）下列说法中正确的有（　　　　）。

A. 微博文案往往短小精悍

B. 借势赛事热点时要注意避免侵权

  C. 活动宣传文案主要用于宣传和推广各种线上或线下活动

  D. 发起话题讨论时话题不要太复杂

（3）粉丝互动方式包括（ ）。

  A. 发起话题讨论   B. 有奖转发

  C. 有奖征集   D. 发起任务

3. 判断题

（1）在借势热点的微博文案中，品牌与热点之间不需要建立关联。（ ）

（2）粉丝互动文案要根据粉丝反馈进行优化。   （ ）

（3）微博文案的趣味性很强。   （ ）

项目总结

写作微博文案

- 认识微博文案
  - 微博文案的特点 ⊖ 短小精悍、带话题标签、传播快速、趣味性强
  - 微博文案的分类 ⊖ 产品宣传文案、内容分享文案、品牌传播文案、活动宣传文案、粉丝互动文案
- 着手写作微博文案
  - 借势热点 ⊖ 节假日热点、赛事热点、时事热点
  - 关联营销 ⊖ 在品牌与关联品牌之间建立关联
  - 与粉丝互动 ⊖ 引起粉丝兴趣、创造互动场景、根据粉丝反馈优化粉丝互动文案、合理设置互动方式

项目四

写作微信文案

一天，小艾去一家咖啡店消费，扫码关注了店铺的微信公众号，发现该微信公众号会定期推送有趣的文章，如最新一篇就是关于咖啡豆的科普知识。李经理说，微信是目前主流的新媒体平台，拥有巨大的流量，很多商家和品牌都会通过微信发布文案，以吸引用户。

知识目标

1. 熟悉微信文案的特点和分类。
2. 掌握微信公众号软文的写作要求和写作方法。
3. 掌握微信公众号软文的排版方法。

能力目标

1. 能够写作微信公众号软文。
2. 能够为微信公众号软文排版。

素养目标

1. 不做"标题党"，不靠夸大其词吸引眼球。
2. 提升文学素养，写出有吸引力的文章。

任务一 认识微信文案

任务描述

小艾问李经理她平时在微信朋友圈看到的各种广告是不是微信文案。李经理说是，微信文案有自己的特点，有不同的分类，人们虽然天天接触，却不一定了解，于是便向小艾详细介绍微信文案的基础知识。

任务实施

（一）微信文案的特点

李经理带着小艾浏览了多篇微信文案，并总结说微信文案具有传播渠道多、表现形式多和社交属性强3个特点。

1. 传播渠道多

微信文案发布后，可以通过微信平台的各个渠道传播，如微信好友、微信群、微信朋友圈、微信公众号等，各渠道之间的信息也可以自由流通，如微信公众号文案可以转发给微信好友，也可以转发到微信群、微信朋友圈，微信视频号中发布的短视频可以植入微信公众号文案中。借助这些渠道的巨大流量，微信文案可以实现推广产品、塑造品牌形象等目的。

2. 表现形式多

微信是一个功能十分全面的平台，可以展现各种形式的信息，因而微信文案的表现形式也非常多，包括图片、文字、视频（见图4-1）、音频（见图4-2）、H5（见图4-3）等。

图4-1 视频

图4-2 音频

图4-3 H5

3. 社交属性强

微信是一个社交平台，用户可以转发、分享内容，因此微信文案通常会通过添加分享提示语（如"觉得有价值的话，请分享给更多人一起学习吧！"）及设置分享有奖活动等方式，鼓励用户将文案分享给微信好友，或者分享到微信群、微信朋友圈，以扩大传播范围。

（二）微信文案的分类

李经理接着说，微信朋友圈和微信公众号是微信的两个重要功能，相应的，微信朋友圈文案和微信公众号文案也被商家或品牌广泛采用。后来，微信又推出并大力扶持微信视频号，微信视频号文案也就此诞生。因此，微信文案大体上可以分为微信朋友圈文案、微信公众号文案和微信视频号文案。

1. 微信朋友圈文案

微信朋友圈是一个分享个人信息的平台，用户只有互相添加好友才能看到对方发布的内容。用户可以在微信朋友圈中分享生活趣事、热点事件、个人感悟等内容。很多商家或品牌的工作人员会注册个人微信号并发布微信朋友圈文案进行产品推广，如图4-4所示。微信朋友圈文案的内容不宜过多，100字左右即可，同时尽量保证文字轻松有趣，不添加太多产品信息。

商家或品牌除了开通个人微信号发布微信朋友圈文案进行产品推广外，还可以在微信朋友圈投放广告。微信朋友圈广告是一种信息流广告，与平常能够看到的原创微信朋友圈内容形式相似，由文字、图片或视频信息构成，只是右上角注有"推广"或"广告"字样，如图4-5所示，用户可以点赞、评论或查看好友的评论并进行互动。微信朋友圈广告由于直接出现在用户的视觉焦点之中，因此不易被忽略。

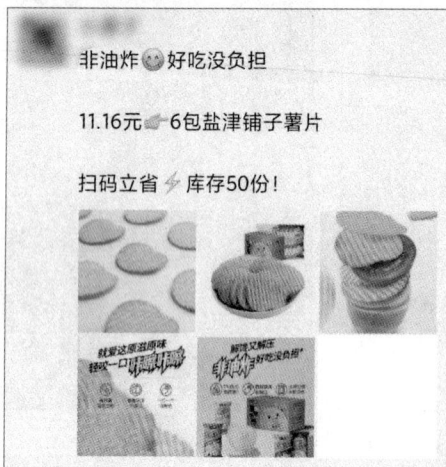

图4-4　微信朋友圈文案

图4-5　微信朋友圈广告

2. 微信公众号文案

微信朋友圈主要建立在私人关系上，而微信公众号更加开放，任何人都可以通过点击链接查看微信公众号文案。因此，微信公众号文案的用户覆盖面更广，传播效果也更好。相比微信朋友圈文案，微信公众号文案篇幅更长，可以更充分地展开内容，更深入地探讨某一主题，用户也可以通过阅读微信公众号文案获得更丰富的信息。

商家或品牌可以通过微信公众号文案让用户了解产品和品牌、参与互动，实现优质营销。微信公众号文案有两种广告植入方式，分别是直接植入和间接植入，因此微信公众号文案又包括微信公众号硬广和微信公众号软文。图4-6所示为微信公众号硬广，直截了当地将广告信息告诉用户，而图4-7所示为微信公众号软文，在可读性很强的内容中巧妙地融入广告，即首先介绍陆羽与《茶经》的故事，再介绍与茶相关的书，最后才植入书籍的购买链接。

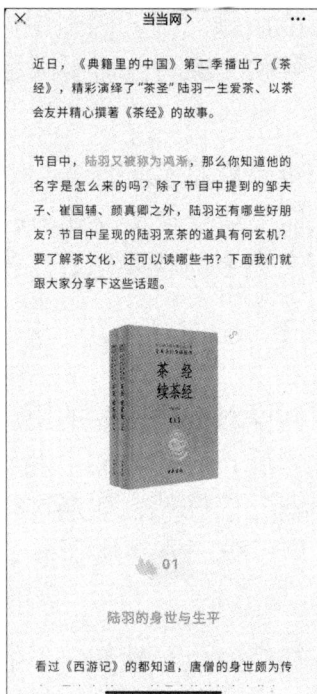

图4-6 微信公众号硬广

图4-7 微信公众号软文

3. 微信视频号文案

微信视频号是微信推出的内嵌于微信的短视频平台,其入口位于微信"发现"页面中的微信朋友圈入口下方。依托于微信巨大的流量,微信视频号目前已经拥有海量的活跃用户。微信视频号文案属于短视频文案,相关知识将在项目七中介绍。

任务二　写作微信公众号软文

任务描述

小艾听后表示自己最好奇微信公众号软文是如何写作的,因为微信公众号软文看上去并不像广告,还有一些实用的或有趣的内容。李经理说,微信公众号软文篇幅较长,写作难度相对更大,需要重点掌握。

任务实施

👤 (一)微信公众号软文的写作要求

李经理说,在这样一个信息爆炸的时代,微信平台上有大量的微信公众号软文，只有高质量的软文才能脱颖而出，吸引用户眼球，进而取得较好的营销效果。通常来说，微信公众号软文的写作需要满足以下要求。

1. 自然融入广告

微信公众号软文写作的难点就是在把广告自然地融入文案的同时又不引起用户的反感。一篇成功的微信公众号软文要让用户在读过之后，不仅不会反感，还受益匪浅。文案人员在写文案之前就要想好广告的内容和目的，这样才能将广告自然融入微信公众号软文中。

2. 使用户建立信任感

微信公众号软文很多时候面对的是陌生的用户，因此，获取用户信任是非常重要的。用户建立信任感之后，会对软文中提及的品牌或产品产生好感。商家可以采取多种手段使用户建立信任感，如通过讲述感人的故事，使用户产生共鸣；给出强有力的承诺；展示第三方品质证书；等等。

3. 结构清晰

一篇排版整齐、美观的微信公众号软文，不但会给用户带来良好的阅读体验，让其觉得文章结构分明、思路清晰，还会给人一种专业、值得信赖的感觉。因此微信公众号软文的排版要做到前后内容连贯，最好为每一个主题归纳一个小标题，突出文章的重点，同时巧设字体、字号，或者使用图片或其他显眼的符号对内容进行分割，使用户一目了然。

4. 内容要有感染力

微信公众号软文实际上是长篇的软广告，如果内容空洞乏味，缺少感染力，只死板地介绍产品卖点，就不容易打动用户。要想写出富有感染力的微信公众号软文，文案人员要善于发现和捕捉生活中的闪光点，并用文字塑造有代入感的场景，引导用户产生情感共鸣，从而做出购买行为。

（二）写作微信公众号软文标题

李经理提醒小艾，在互联网时代，用户每天都会浏览大量信息，对于微信公众号软文，用户通常会因被标题吸引而选择查看。因此，标题对微信公众号软文至关重要。文案人员需要掌握不同类型的标题写作重点，以提升标题的吸引力。

1. 故事型标题

故事型标题一般以人物描述为主，且往往有着戏剧化的情节发展，有时还会加一些细节描写，让用户快速了解故事内容，忍不住想要点击标题阅读完整的故事情节。

写作故事型标题可以套用"人物+事件"模板,如"3个大学毕业生(人物)将废弃厂房改造成了茶馆(事件)""河北90岁长寿老人(人物)从30岁起坚持做一件事(事件)"。

📋 **经验之谈**

写作标题时,可以把部分信息说得稍微含糊一点,如上述标题中的"坚持做一件事",没有说明到底是什么事,这样能制造悬念,引起用户的好奇,使用户点击查看故事内容。

2. 警告型标题

警告型标题通过严肃、警示、震慑的语气来说明内容,以起到提醒、警告作用,其写作模板和示例如表4-1所示。警告型标题可以给予有类似担忧心理的用户强烈的心理暗示,引起他们的共鸣。需要注意的是,警告型标题可以在一定程度上夸张,但不能扭曲事实,要在陈述某一事实的基础上,以严肃深沉的语调给用户暗示,使其产生一种危机感,进而忍不住点击标题。

表4-1 警告型标题写作模板和示例

模板	示例
X(事/物)一定不能做/用,否则会引发Y(后果)	发霉的菜板一定不能用,否则很危险(X:发霉的菜板 Y:危险)
	千万不要这样看书,否则视力会严重下降(X:以某种方式看书 Y:视力下降)

📝 **素养小课堂**

写作警告型标题时不能为了博取关注而过分夸大、危言耸听,否则会引起用户的反感;更不能发布社会、时政类虚假消息制造恐慌,破坏社会正常秩序。

3. 提问型标题

提问是一种快速激发用户求知欲的方式,提问型标题就是用提问的方式来引起用户的注意,引导他们思考问题并阅读全文以一探究竟的标题,其写作模板和示例如表4-2所示。文案人员在写作提问型标题时,要从用户关心的利益点出发,以引起他们的兴趣。

表 4-2　提问型标题写作模板和示例

模板	示例
如何用 + ×× 秒 / 分 / 时 / 天 + 理想状态？	如何用 10 分钟复制 ×× 奶茶店新品？这个省钱绝招你必须学会
	如何用一周时间变成不加班的 PPT 高手？这篇文章告诉你
取得成绩 + ×× （人 / 机构）凭什么？	计算机专业毕业，一年内通过司法考试，这个 "90 后" 女孩凭什么？
	小米进军电动汽车行业？这家以生产手机 "出道" 的企业凭什么？

4. 命令型标题

命令型标题直接告诉用户要怎么做，标题包含明确的动词，具有祈使的含义，能够引导或要求用户采取行为。命令型标题写作模板和示例如表 4-3 所示。

表 4-3　命令型标题写作模板和示例

模板	示例
行为 + 利益点	保护膝盖，做这 3 个动作！（行为：做某些动作　利益点：保护膝盖）
	学会这几个 PPT 技巧，你将少加很多班（行为：学习 PPT 技巧　利益点：少加班）

5. 比较型标题

比较型标题通过选择用户熟悉的两个或多个对象做对比，放大某一对象某方面的特点，让用户产生好奇心进而想点击标题进一步了解，其写作模板和示例如表 4-4 所示。但要注意，对比要有依据，不能虚构事实或刻意贬低某一方。

表 4-4　比较型标题写作模板和示例

模板	示例
比起 X，Y 更好 / 重要	比起做题和考试，这项学习 "软技能" 对孩子更重要！
X（寻常事物）堪比 Y（不寻常事物）	这次去 ×× 旅行的遭遇，堪比侦探小说情节

6. 盘点型标题

盘点型标题常用于技巧或经验分享类软文。这类标题意在向用户表明文案包含了很多有用的信息，阅读后能有一定的收获。写作盘点型标题时，要突出软文的实用性，具体的写作模板和示例如表4-5所示。

表4-5　盘点型标题写作模板和示例

模板	示例
数字＋知识/资源＋好处	上班族的理财选择，5个理财小技巧，教你摆脱"月光"（数字：5个　知识：理财小技巧　好处：摆脱"月光"）
	忍痛分享6个网购平台，便宜到不想告诉你们（数字：6个　资源：网购平台　好处：享受优惠）

7. 新闻型标题

新闻型标题比较正式且更易使人信服，以报告事实为主，是对近期发生的有意义的事实的阐述，其写作模板和示例如表4-6所示。新闻型标题一般用来告知用户最近发生的事情，包括新产品发布或企业重大决策等，目的在于引起用户对新产品或企业的好奇，从而阅读正文。

表4-6　新闻型标题写作模板和示例

模板	示例
人物/组织＋时间/地点＋事件	6月18日Nova2发布会，张某亲临现场（人物：张某　时间：6月18日　事件：出席发布会）
	奠基！美的欧洲新基地落子意大利（组织：美的　地点：意大利　事件：新基地奠基）

🎁**动手做**

补全软文标题

请在横线中填入内容，补全软文标题。

（1）提问型标题：如何用_____让孩子_____，这篇文章告诉你。（教育主题软文）

（2）比较型标题：比起_____，我更喜欢_____。（情感主题软文）

（3）警告型标题：千万不要把家_____，否则_____。（装修主题软文）

（4）盘点型标题：盘点_____个_____的景点，这个"五一"假期_____。（旅游主题软文）

（三）写作微信公众号软文的开头

李经理展示了一篇微信公众号软文的开头，这个开头讲了一个故事，让小艾迫不及待地想继续阅读。李经理说，开头直接影响用户打开软文后的下一步行动，即是继续阅读还是离开。因此文案人员要掌握开头的写法，精心设计一个好的开头，以充分吸引用户的注意力，激发其好奇心，引导其继续往下阅读。

1. 开门见山

开门见山指在软文开头直接揭示主题或点明说明的对象，不拖泥带水。这种开头简单明了，让用户一目了然，但文案主题要足够有吸引力，且语言要朴实简洁、干净利落，不能啰唆、故弄玄虚，也不要使用专业词汇。此外，这种开头常与标题相呼应，避免让被标题吸引的用户产生落差和跳脱感。图 4-8 所示为一篇介绍油画牡丹养护知识的微信公众号软文，开头开门见山地引出了油画牡丹，呼应标题。

2. 以故事引入

软文开头以故事引入，容易引发用户的联想，激发用户的阅读兴趣。故事可以是富有哲理或教育意义的寓言故事，或者其他有助于表现主旨的传说故事、真实故事或虚构故事。

故事引入时，切忌把故事讲得干巴巴的，关键是为故事增加细节，如在故事中加入时间、天气、地点、人物、事件、心理活动、动作等的描写。例如，关于主角出门办事遭遇大雨的描写，"一天，小晨急需打印一份资料，在赶往打印店的路上突然下起了大雨，他没带伞，被淋得全身湿透，他一边往回跑，一边感觉包越来越沉，回去才发现包里进了水"，把主角被大雨淋湿的狼狈通过包变沉的细节表现出来，十分生动。

图 4-9 所示为一篇介绍 PPT 制作技巧的微信公众号软文，其开头讲了一个反复修改 PPT 依然不理想的故事，十分贴近目标用户（职场人）的生活，且描述了很多细节（包括 PPT 的页数、修改的版本数、加班的时长等），容易引发目标用户的共鸣，吸引其继续阅读。

素养小课堂

写作故事对文案人员的遣词造句、观察等能力的要求较高，文案人员应长期积累和训练，多观察体会生活，多练习写作，这样才能提升自己的故事写作能力。

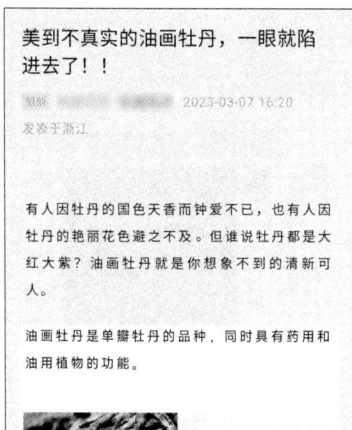

图4-8　开门见山

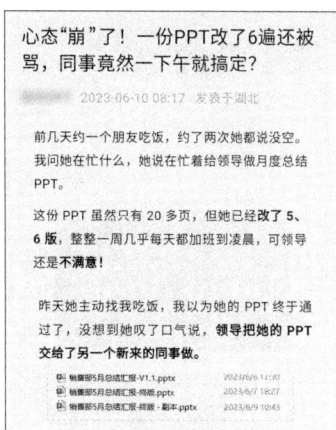

图4-9　以故事引入

3. 借助热点

热点即近期讨论度很高的话题，在软文开头融入热点，可以增强用户的阅读兴趣。借助热点写开头时，一定要将热点与软文主题合理地联系起来，从热点中找到与软文主题相关的、意想不到的关联，然后顺势引出对产品或服务的介绍。图 4-10 所示的软文从某热播电视剧引入，抓住了热点（电视剧）与软文主题（江门美食）间的关联——电视剧曾在江门取景，电视剧中出现了江门美食，从而显得顺理成章。

4. 引用名言

引用名言即在软文开头引用名人名言、谚语或诗词等，使其引领软文的内容，凸显软文的主旨及情感。这是一种既能吸引用户，又能提高软文可读性的方法。名言本身是对某一观点进行演绎、归纳、解释和论证的结果，具有言简意赅、画龙点睛的效果，也能使用户更深刻地领会软文主旨。图 4-11 所示的软文开头引用作家托尔斯泰的名言，很好地说明了软文的主题。

5. 先给结论

先给结论即直接在软文开头给出结论，再在正文内容中给出论据，证明开头的结论。这种开头的好处是确保软文主旨清晰、观点鲜明，能够迅速引起用户的兴趣，促使用户想要进一步了解为什么会得出这样的结论。

需要注意的是，使用这种方式开头时，结论必须要有足够的说服力和可信度，后续的内容应该能够提供充分的论据和解释，以支持和证明开头给出的结论。否则，用户可能会怀疑软文的可靠性，从而流失。

图 4-12 所示的软文在前半部分就首先给出结论"如果你常常感到失望、被辜负，或许不是别人出了问题，而是我们自己"，然后在正文通过举例等方式进行论证，具有说服力。

图4-10　借助热点

图4-11　引用名言

6. 提出问题

提出问题即通过提出引人思考的问题来吸引用户的注意力，激发他们的好奇心，并激发他们思考，进而使用户更加投入地阅读软文。以提问开头需要确保问题引人入胜，与用户的需求直接相关，具有启发性和引导性。问题的表达要简洁清晰，并且问题能够在后续内容中得到充分的解答。图 4-13 所示的软文开头提出了几个关于自学 PPT 的问题，能吸引有相同困扰的用户继续阅读，以找到问题的答案。

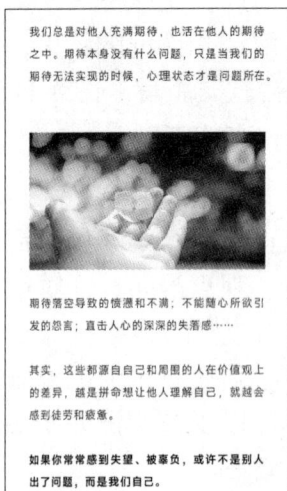

图4-12　给出结论

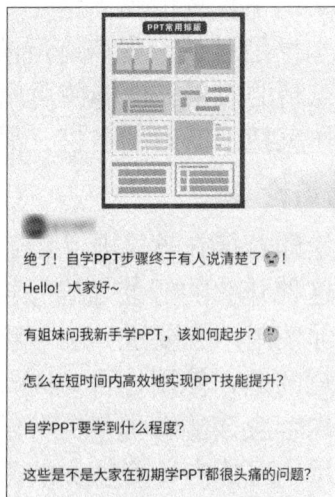

图4-13　提出问题

7. 描述痛点

痛点是指长期或反复出现、经常给用户带来不便的问题。在软文开头描述痛点，可以引发用户的强烈共鸣，吸引用户继续阅读软文。文案人员要从用户的角度出发，用生动、有画面感的语言对某一类问题进行描述，并强调这类问题给他们带来的影响（如产生负面情感、浪费时间、遭受经济损失等），这样才能引起用户的共鸣。

例如，某推广驱蚊产品的软文开头为："天气一天天热起来了，立夏才刚过，蚊子就开始猖狂。一不小心被咬得'体无完肤'，又红又肿，越挠越痒。尤其是细皮嫩肉的儿童，被咬了会比大人更加难受。儿童不但觉得痒，皮肤还红红的一大片，几天都不退，父母看着就心疼。"这个开头以生动形象的语言描述了问题（儿童被蚊子叮咬）以及带来的影响（皮肤瘙痒不适、父母心疼），让有相同遭遇的用户感同身受，进而想要继续阅读找到解决办法。

🗒️ **动手做**

判断软文开头的写法

请判断以下软文开头采用了哪种写法，并将其与对应选项连线。

借助热点　　　　　　描述痛点　　　　　　先给结论

👤（四）写作微信公众号软文的正文

接着，李经理又带着小艾浏览该篇软文的正文。李经理说，正文是软文的主体部分，其主要功能是解释或说明软文的主题。软文的主题多种多样，但结构安排却有一定的规律，掌握常见的结构安排方式，有助于写出清晰连贯的软文。

1. 对比式结构

对比式结构通过正反两种情况的对比来论证文案的观点。运用对比可以将道理讲得更透彻，更有说服力。对比时要围绕主题确定对比点，如主题是科普控制糖分摄入的重要性，对比点就是控制糖分前后的身体状态。图 4-14 所示的软文在开头将人际关系分为耗电型和充电型，然后在正文中以对比式结构展开叙述，分别论述耗电型关系的负面影响和充电型关系的积极作用，一反一正形成明显对照，相辅相成强化主题。

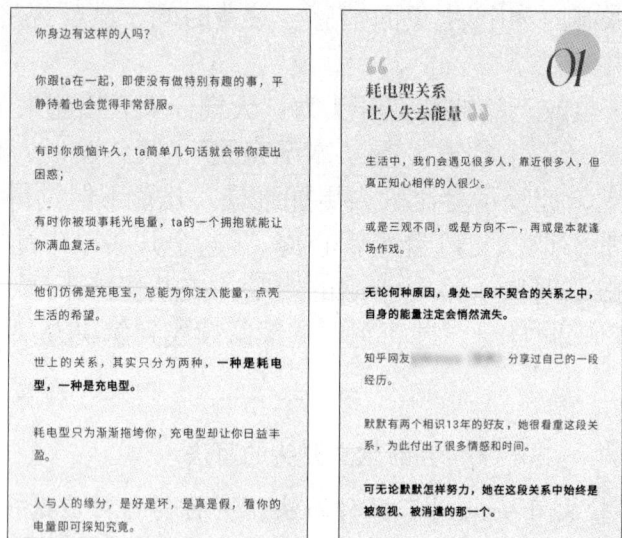

图4-14　对比式结构

2. 并列式结构

并列式结构是指各部分并列平行地叙述事件、说明事物，不分先后顺序和主次。各部分是相互独立、完整的，能够从不同角度、不同侧面来阐述主题。并列式结构的各部分内容既各自独立，又紧紧围绕着中心，共同为主题服务，各部分间不能产生从属或交叉的关系。

图 4-15 所示的软文正文采用并列式结构，分别讲述了几位不同职业的主角，如环保理念拥护者、文物修复师、星空摄影师等的故事，这些故事看似内容不同，但都反映了主角在工作中对某种信念的执着，因而共同说明了主题——纯粹的信念。

3. 递进式结构

递进式结构即正文中材料与材料间的关系是层层推进、纵深发展的，就像剥洋葱一样一层一层深入，优点是逻辑严谨、思维缜密，按照某种顺序一步步铺排，给人一气呵成的畅快感。递进式结构的写作可以借由议论体或对话 / 故事的方式来实现，写作的重点往往放在后半段，写作思路倾向于逻辑推理，通过清晰的思维脉络引领用户阅读全文，这类软文只有层次分明、节奏感强，才能更有感染力。

对环保的纯粹，
可以作为艺术的灵感。

bobo 是一个环保理念拥护者，她有自己的创意工作室。

她曾经和朋友设计了一种手折的纸质包包，采用的是 Levi's 牛仔裤洗水标材料。号称"裤子洗坏了，洗水标都不会洗坏"。

之前她就职于一家广告公司，脑子里都是满足客户要求，很不开心。有次朋友找到她吐槽工作麻烦，这反而成了她的灵感。

她说当时做包包就等于给自己换脑子，借着朋友和自己对工作的理解，一款苦哈哈的档案包诞生了，上面都是一圈圈绕的线，名字略带自嘲，叫"自找麻烦"。

纯粹在一件热爱的事上，
能让平凡生活变得不平凡。

很多人了解到文物修复师，是通过纪录片《我在故宫修文物》。但管管修复的更多是古董，主修景泰蓝。

小时候喜欢画画、做手工的她，现在就像在做豪华奢侈版的手工，很幸福。

纯粹的星空，
所有等待都有了具体的回答。

王晋是一名星空摄影师，实际上，王晋除了拿着"大炮"怼天空，一天里大多数时间在翻查天气预报。我们查天气是为了加减衣服，他是为了跟进实时预报，精准到一小时内，才能确保拍摄条件。

图4-15　并列式结构

递进式结构要求层层深入、层次分明，对文案人员的逻辑思维能力有一定的要求。这里提供一种比较简单的写法：先描述一个现象，然后根据现象总结一个规律或分析产生现象的原因，最后讲如何看待/面对/处理这种现象。

图 4-16 所示的软文正文采用递进式结构，首先描述了一个现象——现在很多年轻人经常不知道"吃什么"，接着分析了背后的原因——突然拥有"决策权"等，最后告诉人们如何不为"吃什么"烦恼。整体逻辑是从"是什么"到"为什么"再到"怎么办"，层层递进，说服力很强。

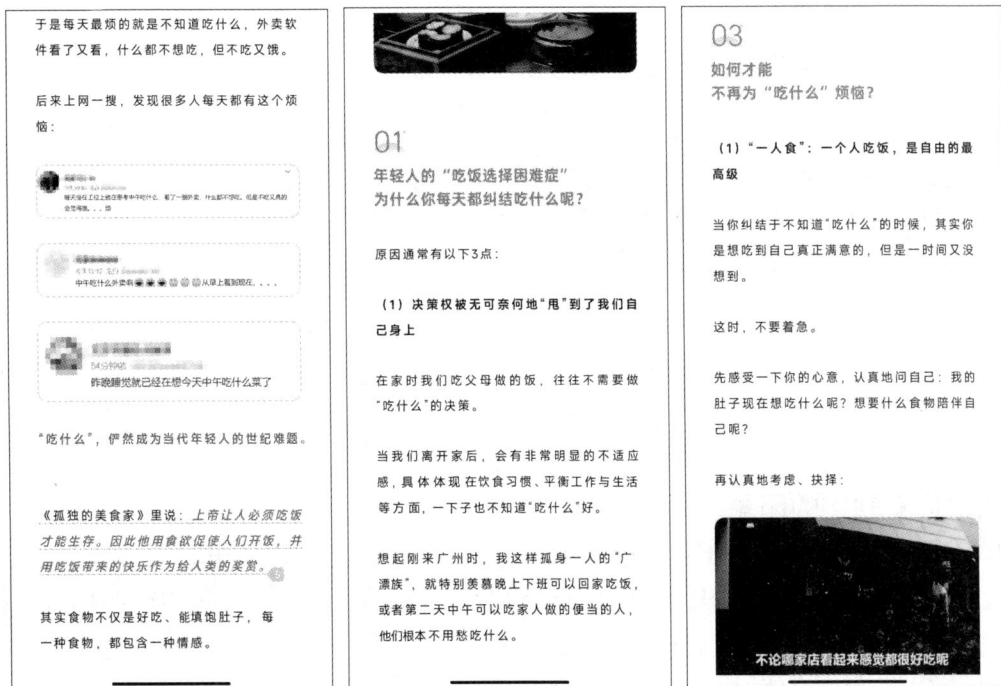

于是每天最烦的就是不知道吃什么，外卖软件看了又看，什么都不想吃，但不吃又饿。

后来上网一搜，发现很多人每天都有这个烦恼：

"吃什么"，俨然成为当代年轻人的世纪难题。

《孤独的美食家》里说：上帝让人必须吃饭才能生存。因此他用食欲促使人们开饭，并用吃饭带来的快乐作为给人类的奖赏。

其实食物不仅是好吃、能填饱肚子，每一种食物，都包含一种情感。

01

年轻人的"吃饭选择困难症"
为什么你每天都纠结吃什么呢？

原因通常有以下3点：

（1）决策权被无可奈何地"甩"到了我们自己身上

在家时我们吃父母做的饭，往往不需要做"吃什么"的决策。

当我们离开家后，会有非常明显的不适应感，具体体现在饮食习惯、平衡工作与生活等方面，一下子也不知道"吃什么"好。

想起刚来广州时，我这样孤身一人的"广漂族"，就特别羡慕晚上下班可以回家吃饭，或者第二天中午可以吃家人做的便当的人，他们根本不用愁吃什么。

03

如何才能
不再为"吃什么"烦恼？

（1）"一人食"：一个人吃饭，是自由的最高级

当你纠结于不知道"吃什么"的时候，其实你是想吃到自己真正满意的，但是一时又没想到。

这时，不要着急。

先感受一下你的心意，认真地问自己：我的肚子现在想吃什么呢？想要什么食物陪伴自己呢？

再认真地考虑、抉择：

不论哪家店看起来感觉都很好吃呢

图4-16　递进式结构

动手做

判断软文正文结构

请阅读这篇名为《中年女人，坚持这 5 个习惯，越活越有气质》的软文节选片段，判断其正文结构。

01 每日读书，让灵魂有光

人，为什么要读书呢？

莫言曾说："或许只是为了不在碌碌无为中周而复始，不在柴米油盐中磨灭希望。"

尤其人到中年，读书不仅可以得新知、增学问、长见识，而且还会为自己的人生增添更多的可能性。

东方卫视的主持人▓▓就是如此。

每次出现在镜头中，她总是身穿西服裙，面带微笑。

或安静思考，或组织对话、开启思考。

而每次发言，她总是能够提纲挈领、直击重

02 坚持运动，让气质挺拔

人到中年，你会发现，各种衰老的问题会随之而来。

不仅容颜会变得沧桑，而且背背也会变得佝偻。

而运动，则是对抗这一切的最好利器。

博主@▓▓就是如此。

每次，她在社交网站上分享自己的健身照片，很多人都不相信，她已经62岁了。

很多网友更是发出感慨："我的26岁，还没有阿姨的62岁挺拔。"

04 培养爱好，让生命开阔

很多女人，活了大半辈子，都不知道自己喜欢什么。

看不清人生走向，玩不转广阔天地。

或许，想让生命更为开阔多姿，就要学会培养属于自己的爱好。

在热播剧▓▓▓▓中，▓▓▓▓▓▓中年失婚，但她却没有消沉，反而不断学习国画，在一方砚台中关照人生，在笔墨方寸间体验多姿。

如此，她不仅找到了属于自己的乐趣，也把梁友安培养得更加独立健全。

（五）写作微信公众号软文的结尾

终于读完了正文，小艾松了一口气，觉得结尾可以不看了。李经理却不这么认为，他说结尾很重要，一个好的结尾也能为软文增色不少，能总结全文、突出主题或与开头呼应，从而充分展现意图，或使用户留下深刻的印象，引导用户关注产品、购买产品。文案人员可参考以下几种方法写作软文结尾。

1. 呼应开头

呼应开头是指软文结尾和开头对应。例如，软文开头提出某个观点，结尾时再次解释、总结或强调。这种方法既可以让软文结构更完整，逻辑更严谨，主题更突出；又可以提升用户的阅读体验，使用户将注意力再次转移到主题上，加深用户对软文的印象，唤起用户的情感共鸣。采用这种方式结尾时，可以只简单重复开头，也可以在开头的基础之上深入拓展，以升华主题。

例如，某篇软文在开头抛出一个观点——真正的人生在 30 岁才刚开始（见图 4-17），在结尾不仅呼应了这个观点，还延伸了该观点——过了 30 岁也要继续打造新的世界（见图 4-18），鼓励人们不断追求新的可能，升华了主题。

剑桥大学神经科学教授比特·琼斯则明确指出，人类大脑发育过程大致需要30年。

尤其是从青春期到30岁，大脑中的灰质和白质会发生较大的变化。

也就是说，18岁以后，身体虽已成年，但大脑尚未发育成熟，青春期仍会继续。

而直到30岁，一个人才算是真正地成年。

看到这个热搜，很多人都评论说"一下没那么焦虑了"。

是啊，其实我们不必过早地为年纪焦虑，为选择后悔。

过了30岁，你真正的人生，才刚刚开始。

所以，永远不要用成功或失败来定义你的30岁，也永远不要用稳定或者动荡来规训你的好年华。

30岁，你真正的人生，或许才刚刚开始。

此时的你，可以在认清了现实的残酷和人生的无常后，毅然选择奔赴新的可能；

此刻的你，可以在见识了世界的精彩和旅途的奇妙后，继续选择丰富自我内心。

所以，当你迈过30岁的门槛时，不要设限，不要担忧，不要畏惧。

请继续给自己打造新的世界，为自己编写新的可能。

| 图4-17　开头抛出观点 | 图4-18　结尾呼应开头 |

2. 做总结

做总结是指通过前面的阐述和分析，在最后用简洁的语言对全文进行归纳总结，得出一个高度凝练、有启发性的结论，起到深化主题的作用，让用户形成清晰明确的印象。某篇软文讲述了一位热爱登山的女性的故事（见图4-19），结尾总结说"只有抵达那里，人生才不算浪费"（见图4-20），很好地体现了女性敢于挑战自我的精神，很有感染力。

一个女人正躺在珠穆朗玛峰的一米多宽的峰顶上。

此处的海拔是8800多米，人会因低温和缺氧而肌肉收缩，不自觉地颤抖。女人努力克制本能，配合身边8位男性伙伴和仪器，做着一件浪漫又奇妙的事：录下自己在地球最高点的心电图。

她叫潘多。1975年5月27日这天，潘多成为世界第一位从北坡登顶珠峰的女性，她录下的，是人类第一份位于珠峰峰顶的遥测心电图。

这一年，潘多37岁了，有3个孩子，最小的只有几个月大。登山队组建时，她尚在哺乳期，有点产后发胖，还因为攀登事故失去5根脚趾，一开始并没人看好她。

但，潘多还是登顶了。

当她立于峰顶时，也许会隐约预感到：从此，越来越多的女人会离开原本的生活，哪怕会丢掉性命，也要试图登上珠穆朗玛峰和许多其他高峰。

没错，今天的文章就是关于这群热爱攀登的女性。

04
你当像鸟飞往你的山

当"山顶"遥不可及，应当如何登顶？

女孩们说：捕捉你每一次心中燃起花火的瞬间，那就是你的目标。确定目标后，不断找路径去抵达就可以。

我们一定要去"登山"吗？

女孩们说：只有抵达那里，人生才不算浪费。

当你对平淡的生活感到厌倦，当夜深人静心底的渴望再也压抑不住，你的山峰也会对你发出召唤吧。

那时，祝你也足够勇敢，足够决绝。

别浪费这一生。

你当像鸟飞往你的山。

| 图4-19　讲述登山故事 | 图4-20　总结式结尾 |

3. 使用"金句"

"金句"通常指有哲理、有意义、有诗意的句子。"金句"以简练的语言表达深刻的思想，有一定内涵和启发性。在结尾使用"金句"可以增强软文的吸引力，帮助用户更好地领悟软文思想，引发用户共鸣，促使用户产生转发行为。"金句"可以是自己总结的，也可以是摘自书籍、网络或影视剧的名言警句，其内容可以是对人生的深入洞察、对情感的真实表达或对某一问题的鲜明观点等。

图 4-21 所示的软文结尾使用了一位知名作家的金句"觉醒的人只有一项任务，那就是成为自己"，很好地说明了主题——人要活出自己。

4. 发起话题讨论

在软文结尾发起话题讨论一般采用提问方式，引发用户的思考，激发他们的互动积极性，促进留言互动，从而增加软文的热度。在写作此类结尾时，可以先对前文中的观点进行总结，然后提出问题、引导用户留言互动，问题尽量与软文主题相关，或是对软文主题的延伸或其他角度的讨论。图 4-22 所示的软文主题是抓紧时间去做自己想做的事，结尾提问："什么是自己愿意去做的，什么是违背自己心意的？"这个问题与主题相关，且每个用户可以从自身的角度畅所欲言，能促使用户主动留言。

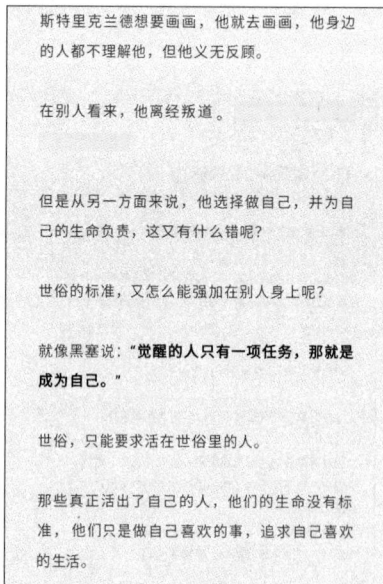

图4-21 使用"金句"

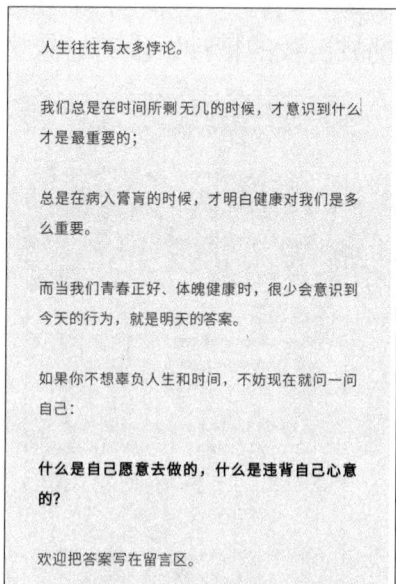

图4-22 发起话题讨论

5. 抒情

以抒情结尾是通过情感化的表达来强调软文的观点和情感态度，总结软文内容的同时，通过情感的渲染和情绪的激发，引起用户的共鸣。在抒情的同时，还可以通过向用户发出呼吁、提出问题，引发用户的思考和进一步的行动。图4-23所示的软文即采用抒情式结尾，通过情感化的语言表现了父母对子女的付出以及两代人的羁绊，呼吁用户关爱父母，能引起共鸣。

需要注意的是，写作此类结尾时要找准容易打动用户情感的点，一定要表露真情实感，可以从亲情、友情、爱情等角度入手，但表达要细腻、克制，不能过分煽情。

6. 请求号召

请求号召是指在前文铺垫的基础上，最后向用户提出请求，或者发出某种号召，促使他们做出某种行动，如关注账号、购买产品、在评论区留言互动、实践前文所讲的道理等。

写作此类结尾时可以多使用没有主语的祈使句，句式要短，多用动词，以增加力量感。言语间表现出的态度要坚定，行动号召的内容要具体、明确，不要让用户自己去思考、琢磨。

要成功地号召用户行动，可以告诉用户会获得的好处，如享受优惠或提升技能等，并适当制造紧张感，让用户知道机会难得，不能错过。图4-24所示的软文结尾号召用户报名加入某课程，不仅详细展示了报名后的收获，还强调名额有限，促使用户立马采取行动。

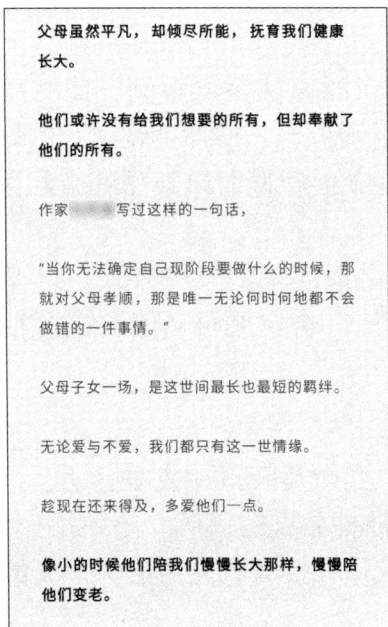

图4-23　抒情

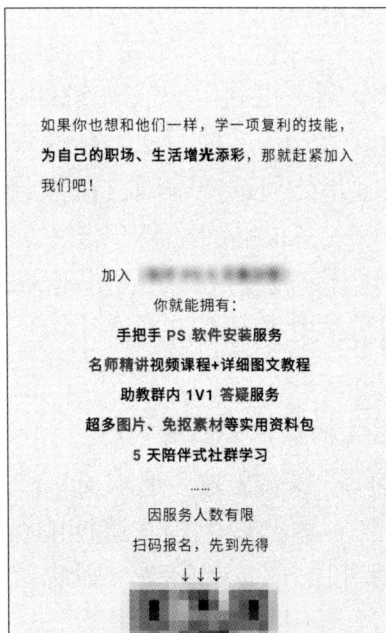

图4-24　请求号召

👤（六）写作微信公众号软文的注意事项

小艾有一次点开微信公众号软文发现页面上显示内容违规，无法查看，这是怎么回事呢？李经理说，微信公众号对软文的内容是有规定的，写作软文时要避免违规。此外，写作软文还要合理使用植入广告的方式，并避免触及社会敏感话题。

1. 合理使用植入广告的方式

在软文中植入广告不能太明显、太刻意，否则会让用户厌烦，因此要特别注意植入广告的方式，尽量达到潜移默化的效果。

（1）故事情节中植入。不少软文会讲述故事，因此，借故事来引出产品或用故事来表现产品（如品牌故事）都是合情合理的，如在讲述孩子成长的软文中植入玩具等产品信息。

（2）热点植入。热点植入指借助人们对热点的关注来植入广告，这要求文案人员准确找到热点与推广对象的关联，如某篇软文借助热播综艺节目的热度，从综艺节目中的人物出场页面这个角度切入，指出页面的动画效果适合用在PPT里，进而引出对PPT培训课程的推广。

（3）场景中植入。软文常会涉及各种场景，如介绍美食的软文会涉及美食制作场景，此时可以将产品作为场景中的道具植入，如植入某品牌调料。

（4）案例中植入。软文在说明某个观点时往往需要举例，此时可以将产品作为示例植入，这种写法隐蔽性强，常用于科普、推荐类软文。例如，某篇软文的主题是如何选择空调，在强调应选择节能空调时以某品牌空调为例进行说明，即植入了该品牌空调广告。

（5）结尾植入。在软文结尾添加广告是最简单的一种方式，这既不会影响软文的可读性和用户的阅读体验，还能让广告更醒目，但要注意精简广告信息。

2. 避免触及社会敏感话题

现在有许多软文为了追求流量和热度，会触及某些社会敏感话题，违背社会公序良俗、道德规范等。这样的行为会损害品牌的口碑，招致用户的反感，不利于品牌良好形象的塑造。因此，文案人员在撰写软文时应保证文案符合社会道德规范，不挑战道德底线。

经验之谈

　　软文本质上是一种广告，文案人员需要了解《广告法》《广告管理条例》《消费者权益保护法》《互联网广告管理办法》《民法典》等，避免违反法律相关规定。

动手做

判断软文中出现的情况是否违规

　　请判断以下软文中出现的情况是否违规。

　　（1）讲述某人使用养生产品后效果惊人，并在文末放置二维码，引导用户购买养生产品。

　　（2）介绍投资股票的方法，并承诺"稳赚不赔"。

　　（3）宣称产品能让人一周瘦10斤。

任务三　微信公众号软文排版

任务描述

　　李经理告诉小艾，软文的创作并不只是撰写文字内容，还需要排版。在这个注重视觉效果的时代，软文想要吸引用户眼球，排版一定要美观。

任务实施

（一）微信公众号软文排版的基本要求

　　李经理接着说，微信公众号软文排版首先需要满足以下几个基本要求。

1. 标题醒目

　　标题应使用较大的字体，且字号一般在20点以上，从而在视觉上与正文形成明显的区分。

2. 适当分段

　　微信公众号软文的字数相对较多，应适当分段（每段3~5行为宜），最好每个段落之间空一行。

3. 图片大小要协调

　　图片所占版面的比例要协调，具体比例取决于软文的主题、用户的阅读习惯以及文案人员的审美等。一般来说，长软文可使用较小的图片，以适当缓解大段文字带来的压迫感，而短软文可以选择更大的图片来吸引用户眼球。

4. 突出重要内容

微信公众号软文排版应突出重要的内容，如添加少量形状（如箭头），为重点文字设置其他颜色、加粗，为段落添加下划线、底纹、框线等来引导视线，促使用户查看某些内容。图4-25所示的微信公众号软文排版就很好地突出了重点，第2、3行文字的字体设置了加粗和底纹效果，以突出重点；第4行文字中的"8折"进行了字体的加大加粗，并设置为其他颜色，更醒目和突出；第6行和第9行中的重点文字设置为其他颜色并加了下划线，重点突出。

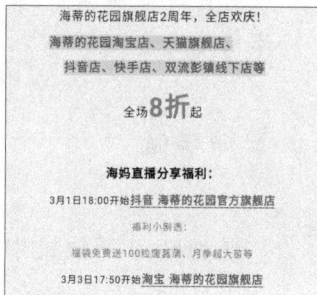

图4-25　突出重点

5. 留白

在规划版面布局时，应该适当在版面内留白，使视觉效果更舒适。一般而言，文字离页面应至少40mm，段落之间的间距为1~2行，行距为1.5倍行距。此外，图片和文字之间也要有适当的留白。

（二）使用135编辑器为微信公众号软文排版

李经理说，网络上有很多专业的排版工具，如135编辑器、稿定设计等，文案人员可以使用这些排版工具提供的模板来快速完成排版。其中，135编辑器侧重于文字式文案排版，尤其适合微信公众号软文排版。这里使用135编辑器为一篇微信公众号软文排版，其具体操作如下。

微课视频

使用135编辑器
排版微信
公众号软文

步骤 01 进入135编辑器官网，单击右上角的 登录/注册 按钮，在打开的对话框中使用微信扫码的方式登录。

步骤 02 在首页上方导航栏中选择"进入编辑器"选项，在打开页面左侧的导航栏中选择"模板"选项，在样式展示区中单击选中"免费"复选框，在打开的页面中选择模板样式（编号94579），如图4-26所示，将鼠标指针移到该样式上，单击 整套使用 按钮。

步骤 03 编辑区中将出现该模板的所有样式模块，选择第一张图片，单击弹出面板中的 换图 按钮，在打开的"多图上传"对话框中单击"本地上传"选项卡，在打开的选项卡页面中单击 普通图片上传 按钮，在打开的"打开"对话框中选择需要的图片（配套资源：\素材文件\项目四\川菜1.png），单击 打开(O) 按钮，返回"多图上传"对话框，单击 按钮。

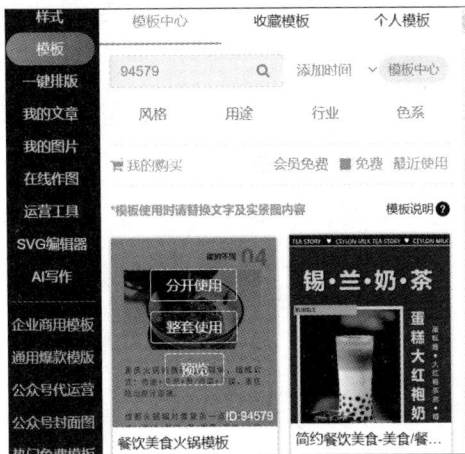

图4-26 选择并使用内容模板

步骤 04 将鼠标指针移到图片下一行，选择写有"火锅"的样式，按【Delete】键删除该样式。删除第一个模块中的所有文字，打开素材文件（配套资源：\素材文件\项目四\排版文章.docx）并复制其中的第一段文字，返回135编辑器，将复制的文字粘贴到第一个模块中，选择该段文字，单击弹出面板中的第一个列表右侧的下拉按钮，在打开的列表中选择"默认字体"选项，如图4-27所示。

图4-27 设置字体

步骤 05 将下方模块的标题修改为"麻辣香锅"，删去模块中的文字，将素材文件中的"一、麻辣香锅"下的文字复制并粘贴到该模块中，将字体设置为"默认字体"。选择模块中的图片，按照步骤03的方法更换模块中的图片（配套资源：\素材文件\项目四\川菜2.png），效果如图4-28所示。

步骤 06 按照相同的方法将下方模块的标题修改为"水煮鱼"，删去模块中标题下方的一段文字，将素材文件中的"二、水煮鱼"下的文字复制并粘贴到该模块中，将字体设置为"默认字体"。

步骤 07 将光标定位到图片下方第2行，单击工具栏中的🖼按钮，在打开的"打开"对话框中选择需要的图片（配套资源：\素材文件\项目四\川菜3.png），单击 打开(O)▼ 按钮，效果如图4-29所示。

图4-28 修改后的效果（1）

图4-29 修改后的效果（2）

步骤 08 依次删除下方的"01锅的区别"~"04碟的不同"4个模块，以及该模块中剩余的空行和文字。

步骤 09 将下方模块的标题修改为"宫保鸡丁"。删除"秘制排骨"模块，将光标定位到标题下方的第2行，将素材文件中的"三、宫保鸡丁"下的文字复制并粘贴到此处，将字体设置为"默认字体"。将光标定位到该段落下方的第2行，按照步骤07的方法插入图片（配套资源：\素材文件\项目四\川菜4.png），效果如图4-30所示。

步骤 10 选择"宫保鸡丁"及下方段落，按【Ctrl+C】组合键复制，再将光标定位到图片下方第2行，按【Ctrl+V】组合键粘贴，并将标题内容修改为回锅肉相关。然后更换图片（配套资源：\素材文件\项目四\川菜5.png），效果如图4-31所示。

步骤 11 依次删除下方的模块，仅保留首句"麻辣火锅的诞生真的是人类的福音啊"模块，将其中的文字删去，将素材文件的最后两段文字复制并粘贴至此处，将字体设置为"默认字体"。

图4-30 修改后的效果（3）

图4-31 修改后的效果（4）

步骤 12 选择该模块，在弹出的面板中单击 更换样式 按钮，在左侧列表中选择"样式"选项，在打开的页面中选择编号为125286的样式，效果如图4-32所示。

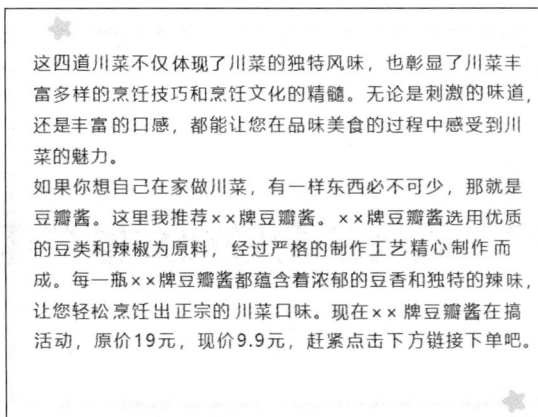

图4-32 修改后的效果（5）

步骤 13 将下方的模块和多余的空行删去，在编辑区右侧单击 快速保存 按钮保存排版后的文章，如图4-33所示，此时排版后的文章将以草稿形式保存。

步骤 14 在左侧导航栏中选择"我的文章"选项，在右侧的展示区中可以看到刚保存的草稿，单击 按钮，在弹出的文本框中输入文章标题，如图4-34所示，单击 按钮保存。

图4-33　快速保存

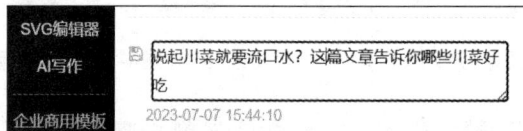

图4-34　修改标题

步骤 15 单击标题下方的 按钮，在打开的页面中可以预览该文章的排版效果（配套资源：\效果文件\项目四\微信软文排版.jpg）。返回排版页面，在功能区中单击 按钮，在对应的微信公众号内容发布页面中粘贴内容，即可发布软文。

同步实训　写作微信公众号软文推广零盐面条

实训描述

　　小孙是某食品品牌的文案人员。该品牌最近推出了一款零盐面条。为了推广该产品，小孙打算写作一篇微信公众号软文，主题是介绍食物中的隐形盐，目前已完成了正文主体部分（配套资源：\素材文件\项目四\微信公众号软文.docx），该部分盘点了容易被忽视的含盐较多的食品，如图4-35所示，但标题、开头、结尾缺少写作思路，产品广告的植入方式也没想好。

　　本次实训要求同学们替小孙完善软文，包括写作标题、开头、结尾，在结尾植入产品广告，在135编辑器中排版。

> 1. 调味品
> 酱油是我们烹饪中常用的调味品之一，但酱油是很咸的，一份 15mL 酱油的钠含量约 1000mg。其他调味品，如豆瓣酱、番茄酱，虽然没那么咸，但钠含量也不低。一份 15g 番茄酱的钠含量为 150~300mg，15g 蛋黄酱的钠含量约 110mg。因此使用调味品时要适量，也可以使用八角、柠檬、葱、姜、蒜等来调味。
> 2. 熟食
> 很多人爱吃熟食，觉得方便，但熟食里往往加了不少盐：6 片火腿、2 根火腿肠的钠含量约 1000mg，是每日推荐量的一半；卤豆干等熟制的豆制品的钠含量也很高。所以建议吃新鲜食品，少吃此类熟食。
> 3. 零食
> 喜欢吃零食的人很多，但大部分人都没有意识到，零食的添加剂比较多，很多添加剂都含有钠，如调节酸味的柠檬酸钠、防腐用的苯甲酸钠等。因此，除了薯片、辣条这些咸口零食，冰激凌、果冻这些甜口零食里钠含量也不低。就连公认的健康零食坚果也不例外：一份 28g 的盐焗口味坚果，钠含量约 120mg；100g（两把）香瓜子的钠含量约 836mg，相当于吃了 2g 盐。如果你边追剧边磕瓜子，还喜欢嗑瓜子壳，那一会儿你的钠摄入量就会超标。建议购买零食时看配料表，钠含量超过 100mg 的，尽量少买或者不买。
> 4. 主食、糕点
> 面包、馒头、面条等是我们生活中常吃的食物，但它们的钠含量也不低。一片面包的钠含量约 100mg，一块芝士蛋糕的钠含量约 220mg。方便面就不用说了，就连家中常备的挂面，钠含量也是惊人的。每 100g 的某品牌挂面中，钠含量高达 1032mg；如果煮面的时候再加一小撮盐，一碗面就能含 4g 盐，哪是我们以为的健康主食啊！

图4-35 软文主体部分

✂ 操作指南

本实训可以分为 3 个部分，分别是拟定标题、完善软文和软文排版。

1. 拟定标题

软文主题是隐形盐，而隐形盐确实对健康有危害，因此可以采用警告型标题，通过强调隐形盐有害来吸引用户关注，至于具体有什么危害，可以留下悬念。

参考示例：千万别再忽视这些食品中的隐形盐，否则后果很严重！

你写作的：＿＿＿＿＿＿＿＿＿＿＿＿＿＿＿＿＿＿＿＿＿＿＿＿＿。

2. 完善软文

完善软文需要写作开头、结尾两部分，具体步骤如下。

步骤 01 写作开头。软文的开头可以讲一个小故事——年轻的主角口味重，体检查出有高血压，从而引出高盐饮食的危害，再转向对隐形盐危害的强调，引出下文。讲故事时要加入细节，如主角把辣条、鱼干等当饭吃等，勾勒出一个贪"盐"者的形象。在介绍与盐相关的知识时，可引用权威机构的报告等，增强说服力。

参考示例：前两天朋友郁闷地告诉我，自己体检查出有高血压。我一听就惊了，小伙子年纪轻轻的怎么就有高血压了？我查了一下，盐中的钠是血压升高的重要因素，而他口味一直很重，出门随时带着辣条、鱼干等零食，把它们当饭吃；聚餐也是非重油重盐的菜不吃，吃完让他评价，他总是说两个字——太淡。现在他特后悔，下决心改过，每天自己做饭，拿着量勺来控盐。

确实，根据《中国居民膳食指南（2022）》的建议，成人每天的盐摄入量应不超过5g（换算为钠是大约不超过2g）。不过我提醒他，除了炒菜放的盐，我们日常吃的很多食物里也有不少盐（严格说是钠），这些叫隐形盐，很容易被忽视，导致盐摄入超标。

你写作的：_____

_____

_____

_____

_____

_____。

步骤 02 写作结尾。结尾需要植入零盐面条的广告，具体可以描述痛点，即市面上的面条含盐多，但用户做不到不吃面条，然后给出解决方法——购买零盐面条，最后号召用户下单购买。

参考示例：很多人看到这着急了：总是建议不吃或少吃，但面条已经刻进我们面条爱好者的DNA里了，让我们少吃，做不到！别急，让我偷偷告诉你：××品牌推出了一款零盐面条，钠含量为0。你没看错，真的是0！那么接下来，就请各位面条爱好者放心地吃、痛快地吃！赶紧戳下方的链接下单吧。

你写作的：_____

_____

_____

_____

_____

_____。

3. 软文排版

进入135编辑器编辑页面，在样式展示区中选择简约、不花哨的模板，这里选择编号为93043的模板，将圆圈形状图片对应的样式修改为编号为127120的样式，更换其中的图片（配套资源：\素材文件\项目四\微信公众号软文配图.jpg），修改文字内容，删去多余的模块，将部分文字加粗，最后快速保存，修改文章名称，效果如图4-36所示（配套资源：\效果文件\项目四\微信软文排版实训.jpg）。

前两天朋友郁闷地告诉我，自己体检查出有高血压。我一听就惊了，小伙子年纪轻轻地怎么就有高血压了？我查了一下，盐中的钠是血压升高的重要因素，而他口味一直很重，出门随时带着辣条、鱼干等零食，把它们当饭吃；聚餐总是很挑食，非重油重盐的菜不吃，吃完让他评价，他总是说两个字——太淡。现在他特后悔，下决心改过，每天自己做饭，拿着量勺来控盐。

确实，根据《中国居民膳食指南（2023）》的建议，成人每天的盐摄入量应不超过5g（换算为钠是大约不超过2g）。 不过我想提醒他，除了炒菜放的盐，我们日常吃的很多食物里也有不少盐（严格说是钠），这些叫隐形盐，很容易被忽视，导致盐摄入量超标。

1.调味品

酱油是我们烹饪中常用的调味品之一，但酱油是很咸的，一份15ml酱油的钠含量约1000mg。其他调味品，如豆瓣酱、番茄酱，虽然没那么咸，但钠含量也不低。一份15g番茄酱的钠含量约150～300mg，15g蛋黄酱的钠含量约110mg。因此使用调味品时要适量，也可以使用八角、柠檬、葱、姜、蒜等来调味。

2.熟食

很多人爱吃熟食，觉得方便，但熟食里往往加了不少盐：6片火腿、2根火腿肠的钠含量约1000mg，是每日推荐量的一半；素肉、卤豆干等熟制的豆制品的钠含量也很高。所以建议吃新鲜食品，少吃此类熟食。

3.零食

喜欢吃零食的人很多，但大部分人都没有意识到，零食的添加剂比较多，很多添加剂都含有钠，如调节酸味的柠檬酸钠、防腐用的苯甲酸钠等。因此，除了薯片、辣条这些咸口零食，冰激凌、果冻这些甜口零食里钠含量也不低。就连公认的健康零食坚果也不例外：一份28g的盐焗口味坚果，钠含量约120mg；100g（两把）香瓜子的钠含量约836mg，相当于吃了2g盐。如果你边追剧边磕瓜子，还喜欢嗑瓜子壳，那一会儿你的钠摄入量就会超标。建议购买零食时看配料表，钠含量超过100mg的，尽量少买或者不买。

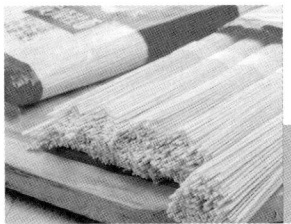

4.主食、糕点

面包、馒头、面条等是我们生活中常吃的食物，但它们的钠含量也不低。一片面包的钠含量约100mg，一块芝士蛋糕的钠含量约220mg。方便面就不用说了，就连家中常备的挂面，钠含量也是惊人的。每100g的某品牌挂面中，钠含量高达1032mg；如果煮面的时候再加一小撮盐，一碗面就能含4g钠，哪是我们以为的健康主食啊！

很多人看到这着急了，说总是建议不吃或少吃，但面条已经刻进我们面条爱好者的DNA了，让我们少吃，做不到！别急，让我偷偷告诉你：××品牌推出了一款零盐面条，钠含量为0。你没看错，真的是0！那么接下来，就请各位面条爱好者放心地吃，痛快地吃！赶紧戳下方的链接下单吧。

图4-36　排版效果

实训评价

同学们完成实训操作后，提交软文和排版效果截图，老师据此按表4-7所示内容进行打分并点评。

表4-7　实训评价

序号	评分内容	总分	老师打分	老师点评
1	写作的软文是否完整、有吸引力	60		

序号	评分内容	总分	老师打分	老师点评
2	排版是否美观、规范	40		

总分：_____

范例分析　一篇有说服力的微信公众号软文

某微信公众号定期发布职场相关的优质软文，植入职场类在线课程的广告，取得了不错的营销效果，其中标题为"为什么领导提拔同事而不是你？原因可能在这里……"的软文（见图4-37）便是其中的代表。下面从几个方面对其展开分析。

1. 标题通过提问吸引关注

该软文通过提问，从用户的切身利益——升职切入，提出了很多用户关心的问题，进而引发用户兴趣，吸引用户点击标题查看正文。

2. 开头自问自答引出主题

该软文开头开门见山，直接提出关键问题——升职的关键因素是什么，并通过投票的方式促使用户思考；再做出回答——核心竞争力，并进一步引出软文核心观点——PPT制作能力即核心竞争力。

3. 正文步步深入加以论证

接着，该软文具体展开了对PPT重要性的论证。首先提出PPT能体现两种职场能力——分析力和表达力，通过不同效果PPT的对比来加以说明；然后又反过来强调学习PPT可以培养这两种能力，一正一反两个维度，在PPT与两种关键职场能力之间建立了深刻关联，佐证了软文的核心观点。

4. 结尾自然植入广告

在论证PPT的重要性后，软文从学习PPT的效率的角度切入，先对比了小白做的PPT和其经过几天系统训练后做的PPT，再介绍学习途径——学习PPT课程，自然地转入对课程的介绍（主要是罗列参与课程的收获），最后号召用户立即报名。

5. 排版突出重点，配图辅助说明

该软文的排版不仅整齐、美观，留白合理，而且运用了大量的红字加粗字体、黑色加粗字体来突出重点内容，引导用户重点关注这些内容。就配图而言，

该软文配图数量合理，辅助说明正文内容，并通过不同效果对比图片增强正文的说服力。

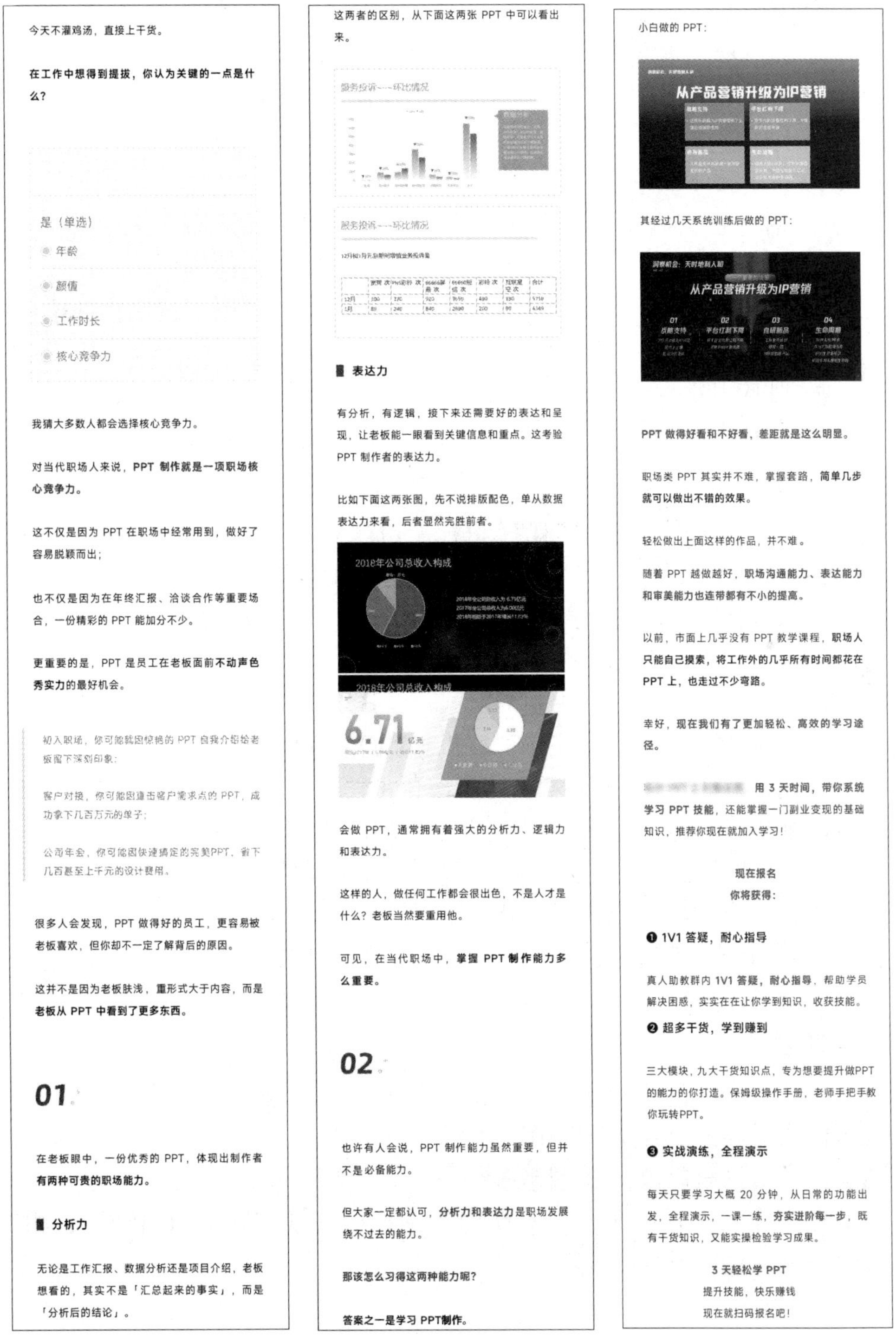

今天不灌鸡汤，直接上干货。

在工作中想得到提拔，你认为关键的一点是什么？

是（单选）
- 年龄
- 颜值
- 工作时长
- 核心竞争力

我猜大多数人都会选择核心竞争力。

对当代职场人来说，**PPT 制作就是一项职场核心竞争力。**

这不仅是因为 PPT 在职场中经常用到，做好了容易脱颖而出；

也不仅是因为在年终汇报、洽谈合作等重要场合，一份精彩的 PPT 能加分不少。

更重要的是，PPT 是员工在老板面前**不动声色秀实力的最好机会。**

> 初入职场，你可能就因惊艳的 PPT 自我介绍给老板留下深刻印象；
>
> 客户对接，你可能因直击客户需求点的 PPT，成功拿下几百万元的单子；
>
> 公司年会，你可能因快速搞定的完美PPT，省下几百甚至上千元的设计费用。

很多人会发现，PPT 做得好的员工，更容易被老板喜欢，但你却不一定了解背后的原因。

这并不是因为老板肤浅，重形式大于内容，而是**老板从 PPT 中看到了更多东西。**

01

在老板眼中，一份优秀的 PPT，体现出制作者**有两种可贵的职场能力。**

分析力

无论是工作汇报、数据分析还是项目介绍，老板想看的，其实不是「汇总起来的事实」，而是「分析后的结论」。

这两者的区别，从下面这两张 PPT 中可以看出来。

服务投诉——环比情况

服务投诉——环比情况

表达力

有分析，有逻辑，接下来还需要好的表达和呈现，让老板能一眼看到关键信息和重点。这考验 PPT 制作者的表达力。

比如下面这两张图，先不说排版配色，单从数据表达力来看，后者显然完胜前者。

2018年公司总收入构成

2018年公司总收入构成

6.71 亿元

会做 PPT，通常拥有着强大的分析力、逻辑力和表达力。

这样的人，做任何工作都会很出色，不是人才是什么？老板当然要重用他。

可见，在当代职场中，**掌握 PPT 制作能力多么重要。**

02

也许有人会说，PPT 制作能力虽然重要，但并不是必备能力。

但大家一定都认可，**分析力和表达力是职场发展绕不过去的能力。**

那该怎么习得这两种能力呢？

答案之一是学习 PPT制作。

小白做的 PPT：

从产品营销升级为IP营销

其经过几天系统训练后做的 PPT：

洞察机会：天时地利人和

从产品营销升级为IP营销

01 战略支持　02 平台红利下降　03 自研新品　04 生命周期

PPT 做得好看和不好看，差距就是这么明显。

职场类 PPT 其实并不难，掌握套路，**简单几步就可以做出不错的效果。**

轻松做出上面这样的作品，并不难。

随着 PPT 越做越好，**职场沟通能力、表达能力和审美能力也连带都有不小的提高。**

以前，市面上几乎没有 PPT 教学课程，**职场人只能自己摸索，将工作外的几乎所有时间都花在 PPT 上，也走过不少弯路。**

幸好，现在我们有了更加轻松、高效的学习途径。

用 3 天时间，带你系统学习 PPT 技能，还能掌握一门副业变现的基础知识，推荐你现在就加入学习！

现在报名
你将获得：

❶ 1V1 答疑，耐心指导

真人助教群内 **1V1 答疑，耐心指导**，帮助学员解决困惑，实实在在让你学到知识，收获技能。

❷ 超多干货，学到赚到

三大模块，九大干货知识点，专为想要提升做PPT的能力的你打造。保姆级操作手册，老师手把手教你玩转PPT。

❸ 实战演练，全程演示

每天只要学习大概 20 分钟，从日常的功能出发，全程演示，一课一练，**夯实进阶每一步**，既有干货知识，又能实操检验学习成果。

3 天轻松学 PPT
提升技能，快乐赚钱
现在就扫码报名吧！

图4-37　微信公众号软文

课后习题

1. 单选题

（1）下列不属于微信公众号软文写作要求的是（　　）。

　　A. 自然融入广告　　　　　　　　B. 使用户建立信任感

　　C. 结构清晰　　　　　　　　　　D. 广告直白

（2）以下不属于微信公众号软文正文结构的是（　　）。

　　A. 对比式结构　　　　　　　　　B. 递进式结构

　　C. 并列式结构　　　　　　　　　D. 碎片式结构

（3）在微信公众号软文结尾的写法中，（　　）是指软文结尾和开头相互对应。

　　A. 呼应开头　　　　　　　　　　B. 升华

　　C. 顶针　　　　　　　　　　　　D. 发起话题讨论

2. 多选题

（1）微信公众号软文标题类型有（　　）。

　　A. 故事型标题　　　　　　　　　B. 警告型标题

　　C. 提问型标题　　　　　　　　　D. 命令型标题

（2）微信公众号软文开头的写作方法包括（　　）。

　　A. 开门见山　　　　　　　　　　B. 以故事引入

　　C. 引用名言　　　　　　　　　　D. 提出问题

（3）常用的微信公众号软文结尾方式有（　　）。

　　A. 呼应开头　　　　　　　　　　B. 做总结

　　C. 使用"金句"　　　　　　　　　D. 抒情

（4）微信公众号软文植入广告的方式有（　　）。

　　A. 故事情节中植入　　　　　　　B. 案例中植入

　　C. 场景中植入　　　　　　　　　D. 结尾植入

3. 判断题

（1）以故事开头时没有必要介绍故事的时间、地点、人物等细节。（　　）

（2）请求号召式结尾要有明确的指令。（　　）

（3）微信公众号软文的配图越多越好。（　　）

（4）在写作软文开头时，先给结论是指直接在软文开头给出结论，再在正文中给出论据，证明开头的结论。（　　）

项目总结

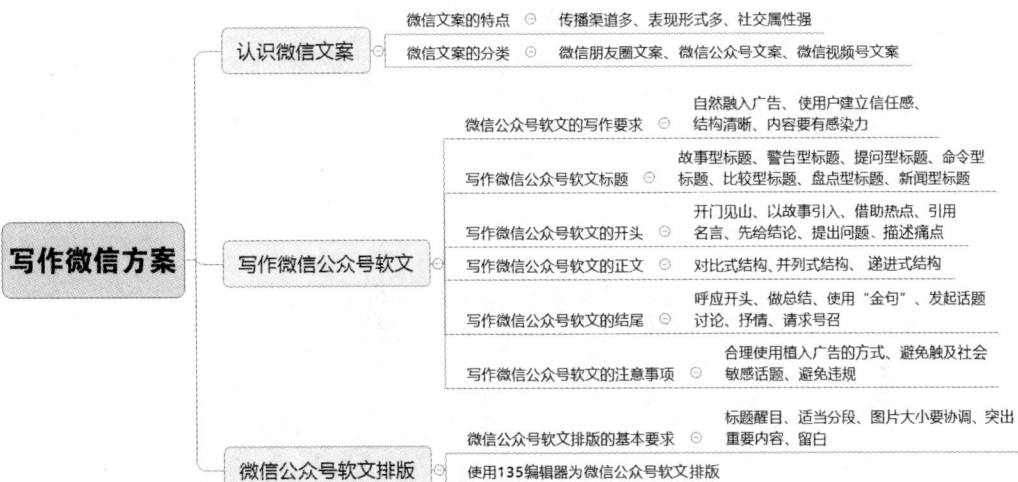

项目五

写作社群文案

情境创设

小艾前两天加入了一个运动社群，发现这个社群十分和谐，群成员活跃度高且很有礼貌。她把这件事告诉了李经理，李经理看了群里的消息，告诉小艾这个社群之所以如此活跃、有秩序，与群主每天发布的群消息有关，这些消息严格来说应该叫作社群文案。

知识目标

1. 熟悉社群文案的分类。
2. 熟悉社群文案的写作要点。
3. 掌握社群活动文案的写作要点。

能力目标

1. 能够写作活动预告文案。
2. 能够写作活动开场文案。
3. 能够写作活动互动文案。
4. 能够写作活动结束语。
5. 能够写作活动总结文案。

素养目标

1. 遵守网络社群相关的法律法规，不发布违法违规内容。
2. 多观察、多学习，培养表达能力，提升社群活动文案的写作能力。

任务一　认识社群文案

任务描述

　　小艾回忆自己加入这个运动社群的经过：她在微信朋友圈看到社群招募成员的消息，申请加群后群主很快就在群里 @ 她，欢迎她加入并向她介绍社群规则。接着，群主还发布了一个健身知识集锦，鼓励小艾跟着大家一起科学健身。李经理看了相关的群消息说，这里面包含了好几种社群文案，而且写得很不错。

任务实施

（一）社群文案的分类

　　李经理首先带着小艾仔细浏览社群里的消息，告诉她哪条是欢迎新成员的，哪条是强调群规则的，哪条是科普健身知识的。然后，李经理总结说社群文案包括社群引流文案、社群欢迎文案、社群活动文案、产品推广文案、知识分享文案等。

1. 社群引流文案

好的社群引流文案不但可以吸引更多人主动加入社群，而且这些主动加入社群的成员都对社群主题感兴趣，群成员的定位也更精准。写作社群引流文案时应该首先了解群成员的需求，再用简洁的语言表述清楚社群能带给成员的益处。图 5-1 所示为某电视剧爱好者社群的引流文案，通过强调入群福利吸引成员加入。

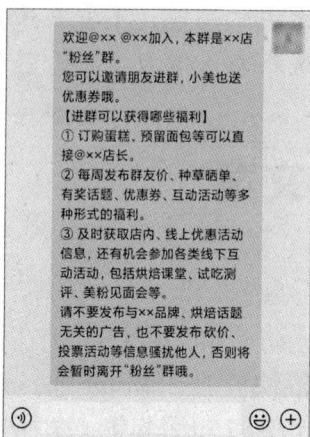

2. 社群欢迎文案

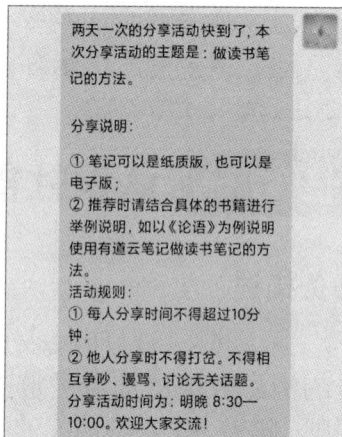

群成员加入社群后，通常并不清楚社群主题、社群福利、社群规则等，因此多数社群都会写作社群欢迎文案，其内容包含欢迎语、社群主题、社群福利、社群规则等。图 5-2 所示为某社群中欢迎新成员的文案。

3. 社群活动文案

通常，社群为了维持活跃度，都会定期开展各种社群活动。社群活动文案就是围绕社群活动而撰写的文案，主要用于吸引群成员参与社群活动，传达活动的信息、亮点和价值（见图 5-3），为社群活动做宣传，促进活动良性开展，等等。社群活动文案的特点是简洁、吸引人、有趣，具有互动性和传播性。

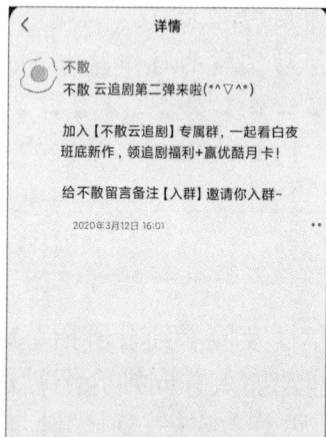

图5-1 社群引流文案　　　图5-2 社群欢迎文案　　　图5-3 社群活动文案

4. 产品推广文案

现在许多品牌和商家会通过运营社群销售产品，因此社群中直接推广产品的文案非常常见，包括新品推广介绍、热销产品推广介绍等，内容简短，并搭配产品购买链接，方便群成员了解详情或点击购买。图 5-4 所示为某社群中的产品推广文案。

5. 知识分享文案

人们之所以加入同一个社群，是因为大家有着相似的目的和爱好，希望探讨或了解更多这方面的知识。因此很多社群会定期发布知识分享文案（见

图 5-5），让群成员认为这个社群有价值，也很专业。例如，读书社群可以分享一些或小众或经典的书或与书相关的阅读技巧；"宝妈"群可以分享育儿相关内容。文案具体内容需与社群定位密切相关，在需要推广产品的时候，自然融入产品。

图5-4　产品推广文案

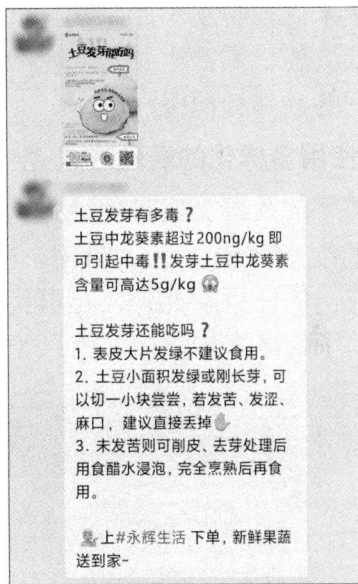

图5-5　知识分享文案

（二）社群文案的写作要点

小艾发现，该社群每次发布的文案都会加入问候语"大家今天运动了吗？"，之后会得到满屏的"运动了"的回应。李经理点评说，社群文案能吸引群成员，很大程度上是因为呼应了社群主题，这是文案人员在写作社群文案时要注意的。总的来说，社群文案在写作时需要注意以下几点。

1. 根据社群定位和群成员特点来写作

不同的社群有不同的定位，如美食爱好者群、健身打卡群等，会吸引不同的人群。文案人员要根据社群的定位来写作社群文案，借助文案来传达社群的核心理念。例如，健身爱好者社群的主题是健身和健康，社群文案可以涉及营养、锻炼和健康生活等话题。

此外，社群文案的表达方式和语言风格应与群成员的偏好相契合。例如，如果群成员主要是年轻人，社群文案的语言风格应尽量活泼、幽默，多使用聊天表情以及流行的称呼，不用太严谨；如果是会计、法律等专业领域的社群，语言风格应尽量正式、专业，表达要理性、克制、有逻辑。

2. 引起共鸣

社群文案应该与群成员建立情感上的联系，通过文案传递和强调群成员共同认可的价值观，让他们感到社群理解他们的需求、兴趣。图 5-6 所示为某备考 CPA 社群的文案，其中便强调了社群的价值观——天道酬勤，这对于备考的群成员来说很容易引起共鸣。此外，还可以在社群文案中表达积极、正面的情感，如喜悦、希望、激励、感激等，让群成员感受到文案传递的积极能量，引发他们的共鸣和积极回应。

3. 使用多样化的表现形式

纯文字的社群文案难免会显得单调，文案人员可以借助多种元素来丰富社群文案的视觉效果，包括图片、视频、音频、GIF 动图、表情包、H5 等，以吸引群成员的注意。此外，社群运营中会涉及报名、投票等互动，文案人员还可以借助小程序来传递相关信息（见图 5-7），以实现统计、收费等功能。

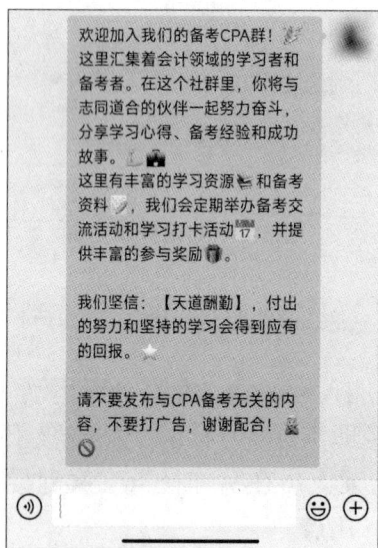

图5-6　引起共鸣

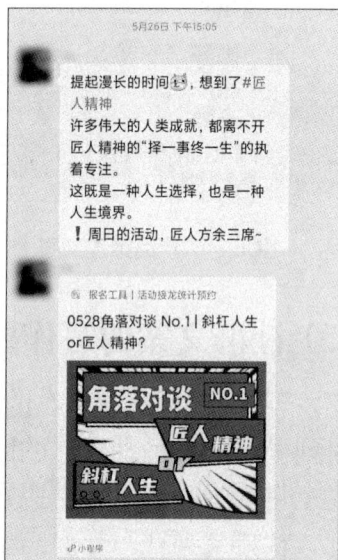

图5-7　借助小程序传递信息

📝**素养小课堂**

《互联网群组信息服务管理规定》第九条第二款规定，互联网群组成员在参与群组信息交流时，应当遵守法律法规，文明互动、理性表达。第十条规定，互联网群组信息服务提供者和使用者不得利用互联网群组传播法律法规和国家有关规定禁止的信息内容。因此，文案人员在写作社群文案时一定要保证内容合规合法、符合社会主流价值观。

任务二 写作社群活动文案

任务描述

一天，小艾看到群主发布了一条消息，预告周六晚上 8:00 在腾讯会议开展线上交流活动，活动主题是如何做好运动热身。李经理说社群活动文案是社群文案中一个很重要的类型，正好可以借这个机会带小艾观察与该活动相关的文案。

任务实施

（一）写作活动预告文案

李经理说，这条通知周六要开展社群活动的消息可以称为活动预告文案。活动预告文案用于社群活动的筹备阶段，旨在向群成员介绍活动的主要信息，并吸引他们参与活动。一篇完整的活动预告文案通常包括活动主题、活动亮点、活动安排与规则、参与指南、行动号召等内容。

1. 活动主题

活动主题是活动的核心概念，文案人员要使用简洁精练的语言描述活动主题，体现活动的特点，如 30 天运动打卡活动、《红楼梦》线上读书会等。

2. 活动亮点

活动亮点是指活动吸引人的地方，介绍活动亮点时要突出活动的独特性，如主题新颖、邀请了重量级嘉宾、参与者素质高等。此外，还可以从群成员的角度出发，告诉群成员参与这个活动能够获得什么样的收益或体验，如获得奖励、提升自我、拓展社交圈、获得实践机会、增长见识等。图 5-8 所示的活动预告文案强调了参加活动的三大收益，很有吸引力。

3. 活动安排与规则

活动安排与规则包括活动流程/环节安排、参与者需要遵守的规则以及其他活动相关细节。其介绍应该清晰明确，如果有多项需并列陈述，可以用阿拉伯数字进行标注。对于参与性强的活动环节，如投票、提问、自由发言等，可以重点强调，让群成员感到活动的可参与度很高。图 5-9 所示的活动预告文案在介绍活动安排与规则时，强调了征集作品与投票环节，突出了这个活动的参与性及参与活动的意义。

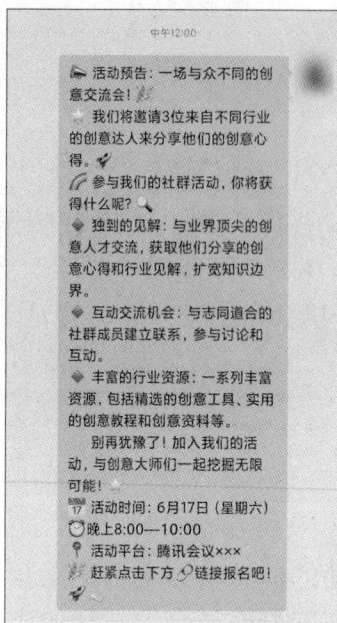

图5-8　强调活动收益

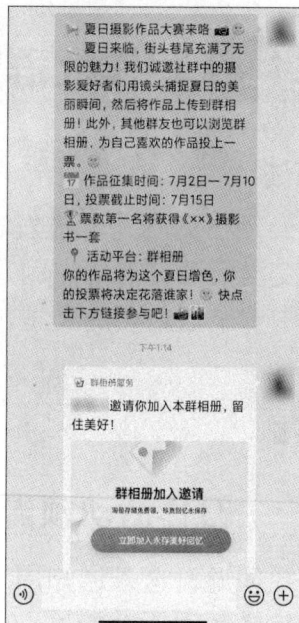

图5-9　突出参与性

4. 参与指南

参与指南是为参与者提供参与活动的指导和说明。它应该简明扼要地列出活动的基本流程、时间、地点、参与资格和参与方式，帮助群成员顺利参与活动。

5. 行动号召

行动号召旨在号召群成员报名参与活动，可以适当制造紧迫感，如："名额只有20个，先到先得！现在就报名吧！"此外，还可以号召群成员转发活动预告文案，扩大活动的影响力，如："如果你的朋友也对××感兴趣，不妨把这条消息转发给他们，让他们加群，一起参与活动吧！"

> **经验之谈**
>
> 在为活动预告文案排版时，活动主题、活动时间、活动规则、参与方式等都要另起一行，且要有一定的间隔，或用符号进行区分，让群成员更易查看。

> **知识窗**
>
> 与活动预告文案类似的还有活动宣传文案。二者的相同之处在于都是为了向潜在参与者推广活动，吸引他们的兴趣并促使他们参与活动。二者的不同之处有以下几点。

（1）发布时间不同。活动预告文案在活动开始之前发布，旨在预热，提前引起潜在参与者的关注。活动宣传文案则在活动正式举行前的一小段时间内发布，以便更详细地宣传活动细节和吸引潜在参与者报名参与。

（2）内容重点不同。活动预告文案的内容重点是活动的时间、地点、主题和规则等信息。活动宣传文案的内容重点是活动的价值、吸引力和参与的好处。

（3）呈现方式不同。活动预告文案通常采用直接、简洁的表达方式，以简明地传递信息。活动宣传文案会使用更生动、更有内涵的语言，更注重情感的表达和故事的呈现。图 5-10 所示为某社群的活动宣传文案，使用了大段带有哲思意味的话来阐述活动的主题，旨在引发共鸣。

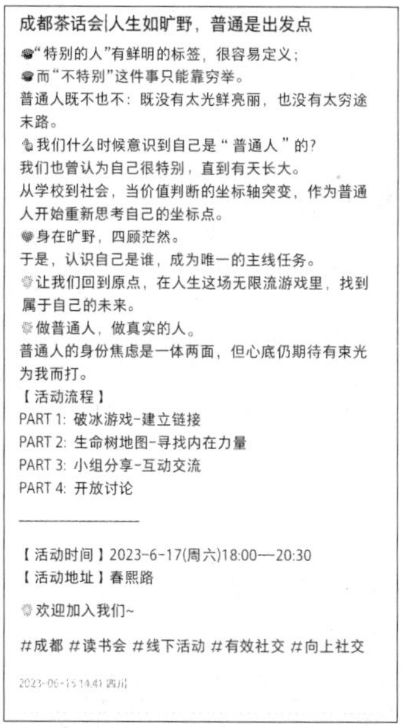
成都茶话会|人生如旷野，普通是出发点
"特别的人"有鲜明的标签，很容易定义；
而"不特别"这件事只能靠穷举。
普通人既不也不：既没有太光鲜亮丽，也没有太穷途末路。
我们什么时候意识到自己是"普通人"的?
我们也曾认为自己很特别，直到有天长大。
从学校到社会，当价值判断的坐标轴突变，作为普通人开始重新思考自己的坐标点。
身在旷野，四顾茫然。
于是，认识自己是谁，成为唯一的主线任务。
让我们回到原点，在人生这场无限流游戏里，找到属于自己的未来。
做普通人，做真实的人。
普通人的身份焦虑是一体两面，但心底仍期待有束光为我而打。
【活动流程】
PART 1：破冰游戏-建立链接
PART 2：生命树地图-寻找内在力量
PART 3：小组分享-互动交流
PART 4：开放讨论

【活动时间】2023-6-17(周六)18:00—20:30
【活动地址】春熙路
欢迎加入我们~
#成都 #读书会 #线下活动 #有效社交 #向上社交
2023-06-15 14:41 四川

图5-10 活动宣传文案

知识窗

（二）写作活动开场文案

很快就到了活动开始的时间。小艾和李经理坐在计算机前听腾讯会议中主持人的发言。小艾感叹主持人的开场白说得真好，李经理说活动开场文案是可以提前准备的。

活动开场文案是活动开始时引入主题的内容，能在很大程度上影响活动给人的第一印象。总体来说，活动开场应该热情地向群成员问好，简明扼要地介绍活动，并通过提问和活动亮点介绍来引起群成员的兴趣。必要时还需要提供温馨提示或规则说明，以确保活动的顺利进行。

（1）问候语。用友好、热情的语言向群成员问好，如"各位可爱的群友，晚上好！欢迎来到今天的活动"。

（2）活动简介。简洁明了地介绍活动的主题，让群成员了解活动的重点和意义，如"今天我们聚集在群里，探讨如何提升职业技能，分享经验和学习资源"。

（3）引起群成员兴趣的提问。用提问（通常是群成员关心的问题）来激发群成员的兴趣和好奇心，如"你想知道如何成为一名出色的演讲者吗？今天的活动将为你揭开其中的秘密！"。

（4）活动亮点。简单强调活动的特色、特邀嘉宾或特别安排，让群成员产生期待，如"我们有幸邀请 ×× 专家担任今天的嘉宾，他将分享他的经验"。

（5）温馨提示或规则说明。提醒群成员活动注意事项、活动规则或参与方式，确保他们了解活动的流程和要求，如"活动期间，我们鼓励大家积极参与讨论，但应尊重他人的意见并遵守群规"。

（三）写作活动互动文案

活动中，主持人经常与群成员互动，参与者也在留言区积极回应。李经理说，这是因为活动互动文案写得不错。活动互动文案用于在社群活动过程中提高群成员的参与度和互动积极性，营造良好的活动氛围，其内容主要包括串词、讨论互动文案、投票互动文案、答题互动文案和挑战互动文案。

1. 串词

串词主要用于引导、推动或衔接不同的互动环节或内容，其作用是增强活动的连贯性、流畅性。写作串词时要注意承上启下，即先总结、回顾先前环节的亮点或重点，再简要介绍下一个环节的内容，实现自然过渡。此外，写作串词要考虑氛围的过渡，如从较热烈的氛围过渡到平和的氛围，避免显得突兀。如下是某社群活动的部分串词，它不仅承上启下，还让活动氛围成功从热烈过渡到平和。

感谢大家对旅途见闻的精彩分享！原来发言的各位都是有故事的人，相信大家都跟我一样，听得很过瘾。接下来，我想请大家暂时停下来，静下心回想一下自己曾经经历的一次难忘的旅行，思考那次旅行带给你的影响。（两分钟后）非常感谢大家的配合，下面我们将进入下一个环节，深入讨论旅行的意义。

> 📇 **经验之谈**
>
> 文案人员可以经常观看优秀主持人主持的节目，研究其开场白和串词等，学习其是如何调节现场气氛、如何将前后节目串联起来的，并适当模仿，以增强自己写作活动开场文案和串词的能力。

2. 讨论互动文案

很多社群活动会安排讨论环节，因此需要借助讨论互动文案来引出话题，引导群成员按照规定的主题进行讨论，避免跑题。

（1）引出话题。引出话题时，可以直接提出一个具体的问题，鼓励群成员发表自己的观点，如："你认为夏天最适合进行哪种户外活动？欢迎大家自由发言。"也可以提出一个引人思考的观点引导群成员发表评论，如："现在很多人认为 ×× 被过度开发了，大家怎么看？"

（2）避免跑题。在讨论中，难免出现跑题的情况，此时可以通过采取图 5-11 所示的方式来制止跑题并引导讨论回到正确的轨道。

重新强调讨论主题
提醒群成员围绕主题讨论，如："好，还是回到我们的讨论主题××，请大家尽量围绕这个主题展开讨论，谢谢！"

引用相关观点
引用之前的相关观点或讨论内容，使群成员的注意力重新聚焦到正确的讨论方向上，如："我们之前讨论过的××观点非常有价值，我希望我们能够继续深入探讨这个观点，并与其他相关观点进行比较。"

积极回应并引导
积极回应跑题的群成员，表达理解并引导他们回到讨论主题，如："谢谢××的分享，虽然这个话题很有意思，但我们现在着重讨论××。希望你能在这个方向上分享一些见解。"

图5-11 制止跑题的方式

3. 投票互动文案

投票互动文案很简单，主要通过提出问题或给出选项，引导群成员进行投票，表达自己的选择或意见，如："在下面的选项中，你最喜欢哪个？请投票选择：A. XX；B. YY；C. ZZ。"

4. 答题互动文案

答题互动文案的内容是提供一道有趣或有挑战性的题目，鼓励群成员参与答题，并给出回答的方式和答对的奖励，如："下面我们出一道抢答题，最先回答正确的群友将获得 ×× 奖品一份。题目是 ××××××，开始抢答！"

5. 挑战互动文案

挑战互动文案会发起一项挑战，激发群成员的竞争心理，促使群成员参与，如："现在我们发起一个挑战！用你的手机拍摄一张跑步打卡照片，发到本群，看看谁的状态更好！"

动手做

引导互动词连线

请在左右两列中相匹配的两项间连线。

（1）大家认为自由行好还是跟团好？喜欢自由行的扣1，喜欢跟团的扣2。　　A：讨论互动文案

（2）大家觉得什么运动最有益健康？欢迎自由发言。　　B：答题互动文案

（3）接下来是一道抢答题，《平凡的世界》的作者是谁？开始抢答。　　C：投票互动文案

（四）写作活动结束语

活动进入尾声，李经理提醒小艾认真听活动结束语。顾名思义，活动结束语就是用来结束活动的一段话。

活动结束语篇幅不长（两三句即可），可以是对活动的简单回顾，也可以对参与者表示感谢与赞赏，或者鼓励群成员提供反馈。

写作活动结束语时要使用简洁的语言，并传递积极的情绪，给参与者留下"完满收尾"的印象。图5-12所示为某社群的活动结束语。

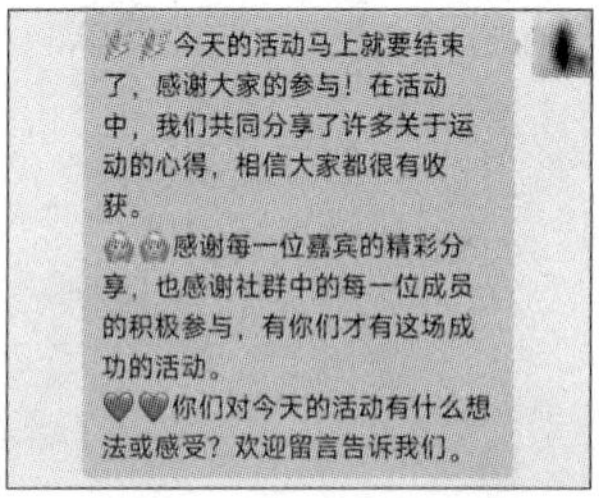

图5-12　活动结束语

动手做

补全活动结束语

某社群举办了一场羽毛球比赛。请在横线上填入内容，补全活动结束语。

此次活动中，我们进行了羽毛球比赛，＿＿＿＿＿＿＿＿＿＿＿，＿＿＿＿＿＿＿＿＿＿＿＿。感谢大家的参与，＿＿＿＿＿＿＿＿＿＿＿。不知道大家的感受如何？＿＿＿＿＿＿＿＿＿＿＿。

（五）写作活动总结文案

活动结束后，群里依然气氛高涨，大家纷纷感叹收获很大。不久群主就

发布了一段长文案，总结了活动的亮点，还引用了几位群成员的参与感言。李经理看后说这叫作活动总结文案，活动结束后发布活动总结文案是很有必要的。

活动总结文案是对一场社群活动的回顾和总结，通过呈现活动的主要内容、亮点和成果，向群成员传达活动的意义和价值。活动总结文案不仅可以展现活动开展情况，还可以向群成员传达活动或社群的价值观，提升群成员的凝聚力。此外，活动总结文案可以作为宣传工具，通过社交平台（如微博、小红书等）分享和传播，扩大活动的影响力，吸引更多人加入社群并参与社群活动。

写作活动总结文案时不能流水账式地记录活动流程，而是需要深入地展现活动的价值。具体来说，活动总结文案主要包括活动概述、活动亮点回顾、未来展望等内容。

1. 活动概述

活动概述是对活动总体开展情况的概要性描述，不需要太详细，只需介绍清楚活动的主题、时间、地点、参与人数等。

2. 活动亮点回顾

活动总结文案的主要部分是活动亮点回顾，亮点可以通过不同的角度来展现。

（1）实况展示。文案人员可以通过生动的文字描述、精彩的图片和视频，展示活动的场景、群成员的参与热情，以及活动中的互动环节和精彩瞬间等，让未能到场的群成员也能够身临其境地感受到活动的热烈氛围。图5-13所示的读书会活动总结文案不仅展现了活动时热烈讨论的场面，还提炼了活动中的精彩问题。

（2）参与者感言。活动亮点可以从参与者的角度说明。文案人员可以展示一些有代表性的参与者感言，感言的内容应是总结参与活动的收获以及对活动的赞赏等。图5-14所示的骑行活动总结文案即罗列了多位参与者的感言，能让更多人了解活动的价值和意义。

（3）活动成果。活动亮点还可以是活动的成果，如完成打卡活动的人数、讨论活动达成的一致意见等。图5-15所示的线下美食活动总结文案即展现了活动制作的菜品。

经验之谈

活动总结文案与活动结束语都需要回顾活动，二者区别在于：前者的回顾更详细，需要写得有吸引力，体现活动的价值和亮点；而后者只需简单提及，一笔带过。

3. 未来展望

在活动总结文案的结尾，可以简单说明未来的活动计划和发展方向，鼓励参与者继续关注和参与下一次的活动。

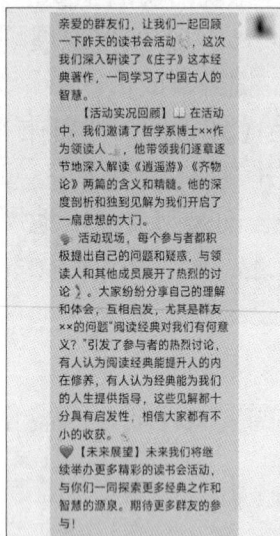

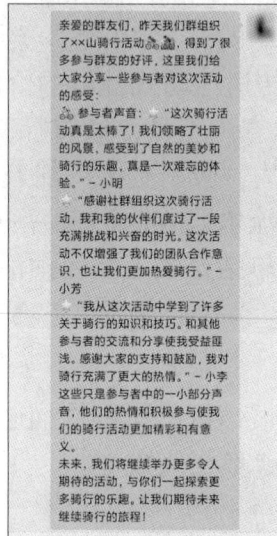

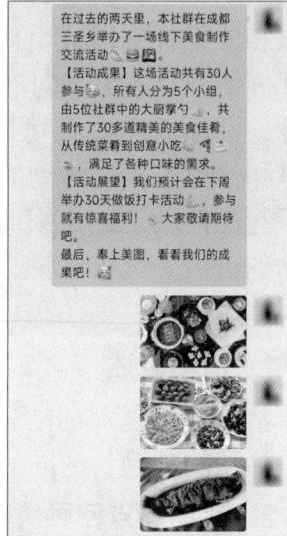

图5-13　读书会活动总结文案　　图5-14　骑行活动总结文案　　图5-15　线下美食活动总结文案

同步实训　为社群交流活动写作活动文案

📋 实训描述

某会计考试培训机构建立了一个会计考试社群。为了提升社群活跃度，社群管理者打算于 8 月 12 日晚上 8:00 —10:00 在腾讯会议（会议号：×××）开展社群交流活动。该活动的主题为"会计人如何高效备考 CPA"。活动流程为先由两位嘉宾分别发言（每人 45 分钟），然后是群成员与嘉宾的问答互动（25分钟）。

本次实训要求同学们为该社群活动写作活动预告文案、活动开场文案、活动互动文案和活动结束语。

🔧 操作指南

1. 写作活动预告文案

根据此次活动的实际情况，活动预告文案需要包括活动主题、活动亮点、活动安排、参与指南、行动号召等内容。下面分别写作每个部分，具体步骤如下。

步骤 01 写作活动主题。活动主题是最重要的信息，应放在最前面，不需要写太多文字，开门见山地交代主题内容，可以使用"【】"符号使其更加醒目。

参考示例： 主题【会计人如何高效备考CPA】。

你写作的： _____。

步骤 02 写作活动亮点。此部分可以联系社群主题（会计考试），从群成员的需求（通过CPA考试）入手，告诉群成员参与活动可以满足他们的需求。具体可以通过"提问+解决"的方式来表述，"提问"要有针对性（针对备考CPA的群成员），切中他们的真实想法（如想知道如何高效备考等）；而"解决"则可以强调此次活动的重量级嘉宾，以及参与活动的收获，如提升学习效率、选对备考资料、战胜考前焦虑等。为了增强代入感，可以使用第二人称"你""你们"。

参考示例： 亲爱的会计人们，你们是否正在备考CPA？想要掌握高效备考的秘诀吗？那么这个活动一定不能错过！我们特地邀请了两位成功通过CPA考试的嘉宾来分享他们的备考经验和学习技巧。参与此次活动，你可以：① 更合理地安排备考时间；② 快速选对备考资料；③ 缓解备考压力。

你写作的： _____
_____
_____
_____。

步骤 03 写作活动安排。活动安排部分需要用简洁明了的语言交代清楚活动的各个环节的内容以及时间安排，各个环节要用阿拉伯数字等标示清楚。

参考示例： 活动安排——① 嘉宾甲发言（时间45分钟）；② 嘉宾乙发言（时间45分钟）；③ 嘉宾与群成员的问答互动（时间25分钟）。

你写作的： _____
_____。

步骤 04 写作参与指南。简单交代清楚活动时间和活动平台即可。

参考示例： 活动时间——8月12日（周六）晚上8:00—10:00；活动平台——腾讯会议（会议号：×××）。

你写作的： _____
_____。

步骤 05 写作行动号召。用一句话直接号召群成员报名参与即可，如表示期待大家的参与等。

参考示例： 机会难得，各位群友一定要准时参与，期待在活动中与大家相聚！

你写作的： _____

_____。

步骤 06 将写作的各部分整合起来，加入表情符号并适当调整排版以提高美观度，最后发布到社群中，如图5-16所示。

参考示例：   **你发布的：**

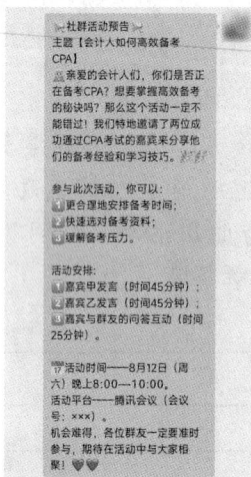

🙌社群活动预告🙌
主题【会计人如何高效备考CPA】
👩爱的会计人们，你们是否正在备考CPA？想要掌握高效备考的秘诀吗？那么这个活动一定不能错过！我们特地邀请了两位成功通过CPA考试的嘉宾来分享他们的备考经验和学习技巧。

参与此次活动，你可以：
🔹更合理地安排备考时间；
🔹快速选对备考资料；
🔹缓解备考压力。

活动安排：
🔹嘉宾甲发言（时间45分钟）；
🔹嘉宾乙发言（时间45分钟）；
🔹嘉宾与群友的问答互动（时间25分钟）。

⏰活动时间——8月12日（周六）晚上8:00—10:00。
活动平台——腾讯会议（会议号：×××）。
机会难得，各位群友一定要准时参与，期待在活动中与大家相聚！💙💙

图5-16　社群文案发布

2. 写作活动开场文案

活动开场文案首先需要热情问好，然后简单介绍此次活动，突出活动的亮点，最后说明活动规则。写作时可以通过提问、互动增强群成员的参与感。此外，语言要口语化，语气可以稍微活泼一些。

参考示例： 活动开始啦！欢迎各位群友的参与！通过CPA考试是很多会计人的梦想，然而它的难度也相当大，不知道大家今年准备得如何？今天我们聚集在一起，共同探讨如何高效备考CPA。我们有幸邀请到了两位成功通过CPA考试的嘉宾来分享他们的备考心得。希望大家在嘉宾发言时保持安静，有问题等到互动环节再提。

你写作的： _____

_____

_____

3. 写作活动互动文案

此次活动安排了问答互动环节，互动内容由嘉宾和提问群成员掌控，不需要主持人引导，因此文案人员主要是写互动环节前的串词。这里的活动串词不需要运用太复杂的写作技巧，像平常说话一样表达即可，但要注意逻辑清晰、叙述简洁，叙述时可以简单总结前一环节嘉宾的发言，再以"相信大家在听的过程中都会有很多想问的问题"这样的句子自然过渡。

参考示例：（引出问答互动）感谢我们两位嘉宾精彩的分享。就像他们说的，备考CPA是持久战，不仅需要强大的心理素质，而且也要掌握恰当的学习方法。相信大家在听的过程中都会有很多想问的问题，接下来我们就把时间交给群友，想提问的群友向我示意，我为你开麦。

你写作的： _____

_____

_____

_____。

4. 写作活动结束语

写作活动结束语时可以先用一句话简单回顾活动，然后以真诚的口吻感谢嘉宾与群成员的参与，最后祝福群成员顺利通过考试。

参考示例： 时间过得很快，转眼活动就要结束了。在今天活动中，两位嘉宾都分享了自己备考的心得，并回答了群友的问题，相信大家都很有收获。

感谢嘉宾的无私分享和群友们的热情参与。祝愿大家的备考一帆风顺，圆梦CPA！

你写作的： _____

_____

_____

_____。

💬 **实训评价** ～～～～～～～～～～～～～～～～～～～～～～～～

同学们完成实训操作后，提交所写作的各部分社群活动文案，老师据此按表5-1所示内容进行打分并点评。

表 5-1　实训评价

序号	评分内容	总分	老师打分	老师点评
1	活动预告文案结构是否完整，内容叙述是否清楚，排版是否美观	30		
2	活动开场文案是否能调动参与者的积极性	20		
3	活动互动文案是否能有效组织互动	20		
4	活动结束语是否回顾活动并感谢他人参与	30		

总分：_____

范例分析　一场花艺活动的社群活动文案

某网店组建了一个花艺爱好者社群，其成员主要是城市白领，他们追求生活品质，文化水平较高，也有较高的审美水平。

近日，该社群开展了一场花艺小课堂的社群活动，邀请了资深花艺师来讲授花艺知识并现场演示和指导群成员插花。该社群活动顺利举办，取得了不错的效果，而且获得诸多好评，其中社群活动文案在活动举办过程中发挥了重要作用，包括活动预告文案（见图 5-17），活动开场文案、活动串词和活动结束语（见图 5-18）以及活动总结文案（见图 5-19）。

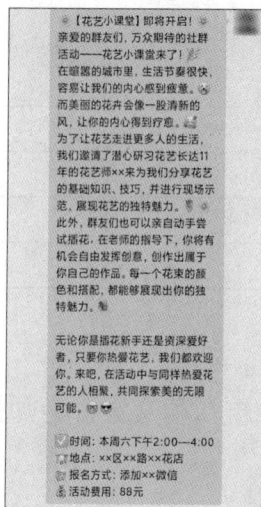

图5-17　活动预告文案

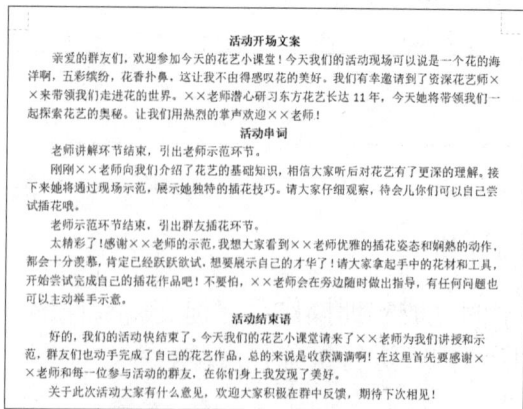

图5-18　活动开场文案、活动串词和活动结束语

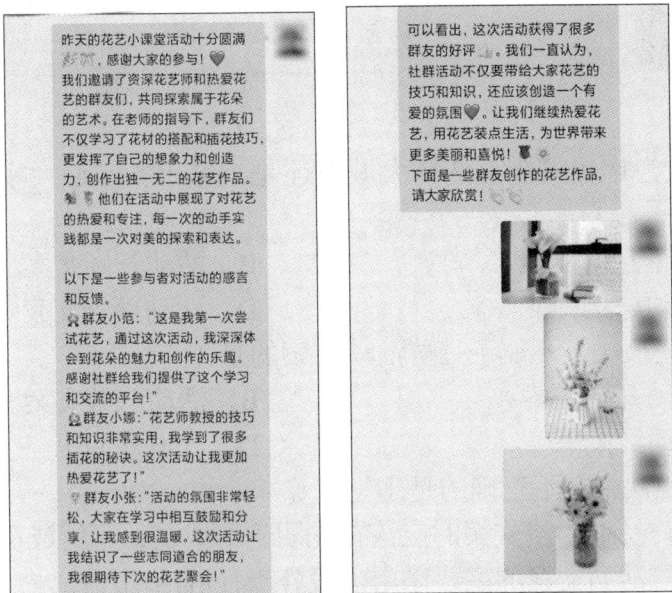

昨天的花艺小课堂活动十分圆满🎉🎊，感谢大家的参与！💗
我们邀请了资深花艺师和热爱花艺的群友们，共同探索属于花朵的艺术。在老师的指导下，群友们不仅学习了花材的搭配和插花技巧，更发挥了自己的想象力和创造力，创作出独一无二的花艺作品。🌸 他们在活动中展现了对花艺的热爱和专注，每一次的动手实践都是一次对美的探索和表达。

以下是一些参与者对活动的感言和反馈。
🌺群友小范："这是我第一次尝试花艺，通过这次活动，我深深体会到花朵的魅力和创作的乐趣。感谢社群给我们提供了这个学习和交流的平台！"
🌼群友小娜："花艺师教授的技巧和知识非常实用，我学到了很多插花的秘诀。这次活动让我更加热爱花艺了！"
🌷群友小张："活动的氛围非常轻松，大家在学习中相互鼓励和分享，让我感到很温暖，这次活动让我结识了一些志同道合的朋友，我很期待下次的花艺聚会！"

可以看出，这次活动获得了很多群友的好评。我们一直认为，社群活动不仅要带给大家花艺的技巧和知识，还应该创造一个有爱的氛围💗，让我们继续热爱花艺，用花艺装点生活，为世界带来更多美丽和喜悦！🌹
下面是一些群友创作的花艺作品，请大家欣赏！

图5-19　活动总结文案

该社群活动文案可以从以下几方面进行分析。

1. 根据社群定位来写作

该社群活动文案针对社群主题——花艺以及群成员审美水平较高的特点，有针对性地选择了较文艺的语言风格，用词讲究，且在表述时加入了一些抒情性的语言，如"让我们继续热爱花艺，用花艺装点生活，为世界带来更多美丽和喜悦！"，给人美的享受。

2. 排版讲究

活动预告文案和活动总结文案的篇幅较长，为了避免群成员感到枯燥，文案人员在排版时使用了大量的表情符号，丰富了视觉效果；而且，文案分段合理，视觉上有一种舒缓、放松的感觉，便于群成员阅读文案。

3. 营造了参与感

该社群活动文案注重对参与感的营造。活动预告文案不仅表明活动有自己尝试插花的环节，还强调了参与活动的收获，体现了活动的参与感；而活动串词通过"请大家仔细观察，待会儿你们可以自己尝试插花哦"等句子让参与活动的群成员感觉亲切且有参与感，进而促使群成员积极参与活动；活动总结文案则通过引用部分群成员的感言以及赞赏、展示群成员的作品，让群成员感到自己受到重视，促使更多群成员参与之后的活动。

课后习题

1. 单选题

（1）"你认为年轻人应该选择大城市还是小城市？欢迎大家自由发言"属于（　　）。

    A. 讨论互动文案　　　　　　　　B. 活动开场文案

    C. 活动总结文案　　　　　　　　D. 活动预告文案

（2）下列各项中，不属于社群活动文案的是（　　）。

    A. 活动开场文案　　　　　　　　B. 活动总结文案

    C. 活动结束语　　　　　　　　　D. 入群欢迎语

（3）下列说法中，不正确的是（　　）。

    A. 写作社群引流文案时应该首先明确群成员，了解成员的需求

    B. 社群活动文案的主要作用是服务于社群活动

    C. 知识分享文案可以是纯粹的搞笑段子

    D. 直接推广文案需要植入产品购买链接

2. 多选题

（1）社群文案包括以下哪些类型？（　　）

    A. 社群引流文案　　　　　　　　B. 社群活动文案

    C. 产品推广文案　　　　　　　　D. 知识分享文案

（2）下列各项中，属于活动开场文案内容的有（　　）。

    A. 问候语　　　　　　　　　　　B. 活动简介

    C. 活动亮点　　　　　　　　　　D. 温馨提示

（3）以下关于活动预告文案的说法，正确的有（　　）。

    A. 陈述要简洁易懂

    B. 要介绍清楚活动的主要信息

    C. 号召成员参与

    D. 最好使用纯文字

3. 判断题

（1）活动预告文案的活动主题、活动安排与规则、参与指南等板块必须在一个自然段中写完。　　　　　　　　　　　　　　　　　　　　　　（　　）

（2）活动结束语要传递积极的情绪和希望。　　　　　　　　　　　（　　）

（3）在写作活动总结文案时可以引用一些活动参与者的感言。　　　（　　）

项目总结

```
                                                        社群引流文案、社群欢迎文案、社群活动文案、
                                    社群文案的分类 ⊖    产品推广文案、知识分享文案
                  认识社群文案
                                                        根据社群定位和群成员特点来写作、
                                    社群文案的写作要点 ⊖  引起共鸣、使用多样化的表现形式

                                                        活动主题、活动亮点、活动安排与规则、
                                    写作活动预告文案 ⊖    参与指南、行动号召

                                                        问候语、活动简介、引起群成员兴趣的提问、
写作社群文案                         写作活动开场文案 ⊖    活动亮点、温馨提示或规则说明

                                                        串词、讨论互动文案、投票互动文案、
                  写作社群活动文案 ⊖  写作活动互动文案 ⊖  答题互动文案、挑战互动文案

                                                        简单回顾活动或对参与者表示感谢与赞赏，
                                    写作活动结束语 ⊖      或者鼓励群成员提供反馈

                                    写作活动总结文案 ⊖    活动概述、活动亮点回顾、未来展望
```

项目六

写作今日头条文案

情境创设

小艾的朋友推荐她使用今日头条，于是她便试用了一下。结果小艾发现，今日头条推荐的都是自己感兴趣的内容，她越看越觉得有趣。小艾把这件事告诉了李经理，李经理说今日头条是目前主流的新媒体平台，聚集了很多活跃用户，很多品牌或商家也认可今日头条平台的价值，在今日头条上发布文案进行营销推广。

学习目标

知识目标
1. 熟悉今日头条平台的用户画像及其内容偏好，以及内容推荐机制。
2. 掌握今日头条文案的写作方法。

能力目标
1. 能够为今日头条文案选择合适的关键词。
2. 能够为今日头条文案选择合适的配图。

素养目标
1. 意识到创新的重要性，坚持原创写作。
2. 通过文案传递积极向上的价值观，输出正能量。

任务一　认识今日头条平台

任务描述

　　李经理表示，自己是科技迷，每次打开今日头条，平台都会源源不断地给他推荐科技相关的文章。小艾听了很好奇，平台怎么会如此"智能"？李经理便为她详细介绍今日头条的相关知识。

任务实施

（一）今日头条的用户画像及其内容偏好

　　李经理告诉小艾，今日头条最早是一个主打新闻资讯的平台，后来平台的内容领域逐渐丰富，目前已成为集资讯、知识、兴趣于一身的综合性内容平台。凭借着优质的内容，今日头条的注册用户数已经超过了7亿。

　　根据《2022今日头条营销价值洞察报告》，今日头条的用户具有男性占比较大，生活在一线、新一线城市，高学历、高收入、高消费和高价值等特点，如图6-1所示。今日头条用户偏好的内容领域包括社会、时政、文化、历史、美食、健康、科技、娱乐、财经、体育、汽车等。

男性占比较大：男性用户占比约为55%，女性用户占比约为45%

生活在大城市：北上广、成都等一线、新一线城市用户对今日头条偏好度高

高学历：本科及以上学历用户占比达19%，数量超过5700万人

高收入：月收入8000元以上的日活跃用户占比超过30%

高消费：用户月均网购金额1769元，高于全国网民月均消费支出

高价值：36岁以上用户占比超70%，这部分人是家庭消费决策者

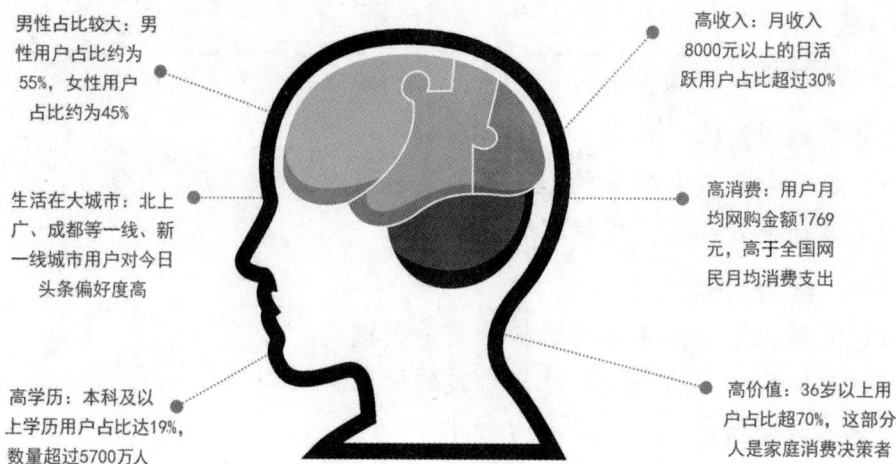

图6-1　今日头条用户特点

（二）今日头条的内容推荐机制

李经理说，今日头条中的内容都是由内容创作者发布的，用户之所以能够看到这些内容，是因为今日头条的内容推荐机制让这些内容不受发布者的粉丝数量影响，尽可能触达感兴趣的用户。具体来说，今日头条的内容推荐机制有以下特点。

1. 个性化推荐

基于数据分析的推荐引擎技术，今日头条能根据用户兴趣进行个性化推荐，具体推荐过程如下。

（1）今日头条根据用户基本信息、行为数据等提炼出有关用户兴趣、特点、位置等方面的特征，为用户打上标签，如美食爱好者、"00后"、一线城市等。

（2）今日头条通过提炼关键词等方式提炼出内容的特征，为内容打上标签，如美食、旅游等。

（3）将用户的标签与内容的标签进行匹配，找出与用户标签匹配度高的内容，将内容推荐给用户。

2. 分批次推荐

在今日头条上，一篇文章发表后，会经历内容审核、冷启动、正常推荐、复审4个推荐环节，如图6-2所示。

文章在首次推荐后，如果点击率较低，系统会认为该文章不适合推荐给更多的用户，会减少二次推荐量；如果首次推荐后点击率高，系统则认为文章受用户喜欢，将进一步增加推荐量。以此类推，文章新一次的推荐量都以上一次

推荐的点击率为依据。此外，文章过了时效期后，推荐量将降低，时效期节点通常为 24 小时、72 小时和一周。

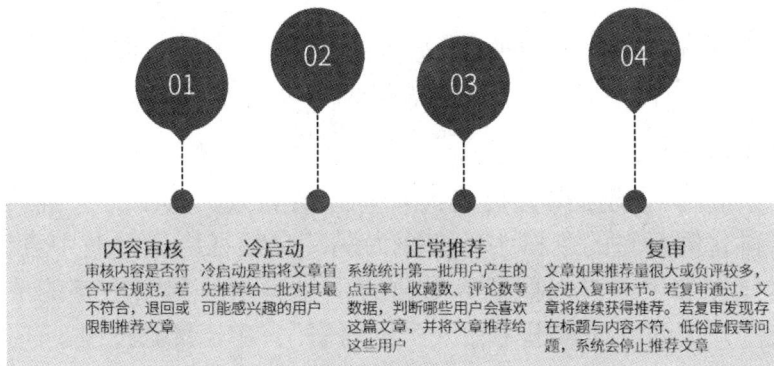

图6-2　推荐环节

例如，一篇文章首次推荐给了 1000 个用户，如果这批用户的点击率较高，系统判定用户很喜欢这篇文章，会将其扩大推荐给 10000 个用户；如果这次推荐后用户的点击率仍然维持在较高水平，那么系统会将文章再次扩大推荐给 30000 个用户、50000 个用户、100000 个用户……推荐量和阅读量便如滚雪球般节节攀升。直到文章过了 24 小时时效期，下一次推荐的推荐量才会逐渐衰减。

> **经验之谈**
>
> 　　在今日头条上发布的内容通过审核后，还需要经历"消重"这一道关卡。消重，就是消除重复，是对重复、相似、相关的文章进行分类和比对，使其不会同时或重复出现在用户信息流中的过程。今日头条在面对相似内容时，会优先推荐原创、权威、有价值的内容。因此，为了避免被"消重"，应该坚持原创，提升内容质量。

任务二　着手写作今日头条文案

任务描述

　　小艾听后问，那怎么才能让今日头条平台多给推荐量呢？李经理说，这一方面需要文案人员采取手段帮助平台准确识别文案类型，实现精准推送，另一方面也要提高文案本身的写作质量。

任务实施

（一）设置关键词

李经理继续说，今日头条平台主要是通过文案中的关键词来识别文案的内容类型，因此，写作文案时合理设置关键词有助于平台的识别。

1. 查找关键词

今日头条有专门的数据分析平台——巨量算数，其中有关键词分析功能。这里以一篇科普健身餐的今日头条文案为例，介绍在巨量算数中查找关键词的方法。具体操作如下：进入巨量算数官方网站首页，单击上方的"算数指数"选项卡，在打开页面的搜索框中输入"健身餐"，单击 ▇▇ 按钮；在打开的页面中单击"关联分析"选项卡，在打开页面的右侧列表中选择"头条"选项，单击"内容关联词"选项卡，即可查看与健身餐相关的热门关键词，如图 6-3 所示。在页面下方还可以查看关键词相关度排名情况，如图 6-4 所示。

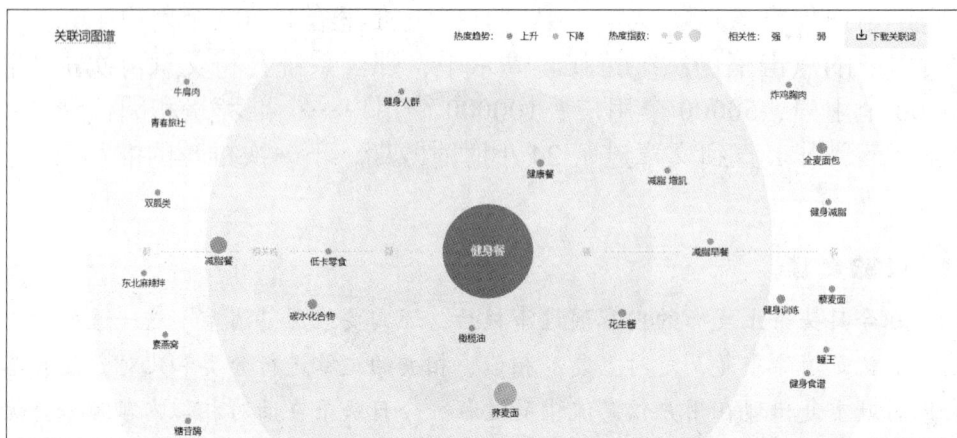

图6-3　查看热门关键词

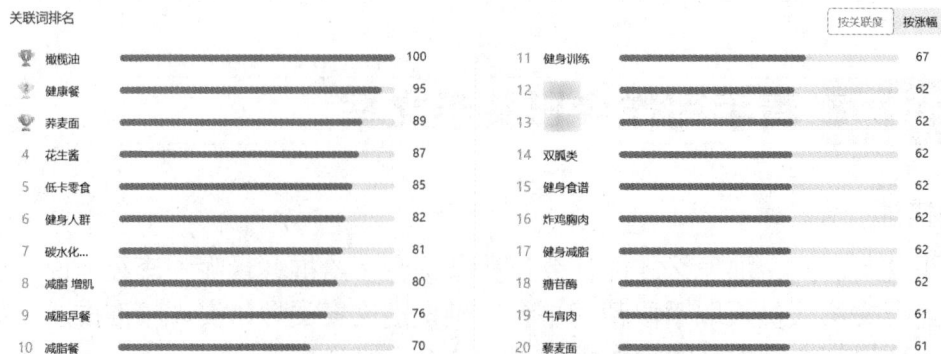

图6-4　查看关键词相关度排名情况

查找出这些关键词后，可以从中选出与文案主题相关度高、适合植入文案的关键词，如健康餐、健身人群、减脂增肌、减脂餐等。

> **经验之谈**
>
> 加入关键词的目的是让平台准确识别文案的内容类型，因此只有关键词与文案主题相关，才能保证文案不被平台"误读"。此外，在选择关键词时还要注意：加入关键词后不能影响文案的阅读体验，不能有烦琐、主题涣散、语句不通顺等情况。

2. 布局关键词

布局关键词是指选择关键词植入的位置。一般来说，今日头条文案关键词可以布局在以下位置。

（1）标题。平台抓取数据时通常首先抓取标题中的关键词，因此文案人员可以把最重要的一个关键词放在标题中，这样平台给它的权重最高，有助于平台准确识别关键信息，更好地判断内容类型。

（2）首段。今日头条文案首段对平台的抓取结果的影响也非常大，因此，首段要合理地布局关键词（通常要设置一个或两个关键词）。

（3）正文小标题。在文案正文中可以设置一些小标题，然后在小标题中布局一个关键词。

（4）小标题下方的一段。该段落可以布局一个或者两个关键词，让内容和小标题相互承接，使关键词的植入显得更自然。

（5）最后一段。结尾可以布局少量关键词，100 字左右的段落可以布局 1 个关键词，超过 200 字的段落可以布局两个关键词。

（二）今日头条文案的写作要点

李经理告诉小艾，今日头条文案的写作方法与微信公众号软文相似，可以参考前面讲过的内容。此外，今日头条对内容质量的要求较高，文案人员要在坚持原创的基础上寻找合适的切入点，以更好地融入广告。写作要具有针对性，满足目标用户的需求，才能获得较好的效果。此外，今日头条对内容的管理十分严格，需要避免违规。

1. 内容要原创

今日头条鼓励原创内容，会加强对原创内容的流量扶持。今日头条文案发布后，平台会首先通过全网搜索引擎审核文章的原创度，若文案以洗稿、复制拼凑等方式重新整合，与在线作品存在实质性的相同或近似内容等情况，会被判定为抄袭侵权，而且只有文案的原创度达到 60% 以上时，才会获得更多推荐。

因此，文案人员不仅要坚持自己写作文案，而且要注意避免大篇幅引用他人观点、故事等，使用素材时不要原封不动地照搬，借鉴他人文案时要自己消化理解后以契合当前语境的表达方式呈现出来。例如，原作品引用了刘备三顾茅庐的故事，以论证"只有认定目标并不懈努力才能成功"；自己写作时就可以转换角度，用该故事来说明"做人做事，态度一定要真诚"的道理。

素养小课堂

正如党的二十大报告提出的，"创新是第一动力"，在文案领域，只有创新才能带来真正的价值。文案人员要发扬创新精神，在写作文案时注入自己的灵感、想法，致力于创作出有新意的文案，这样才能真正打动用户。

2. 寻找合适的切入点

文案的切入点指以何种方向、何种角度或主题去展开全文。切入点的选择直接决定着一篇文案的整体质量。找到合适的切入点，有助于快速吸引用户的眼球，以及更好地融入推广对象。今日头条文案写作主要可以从以下角度切入。

（1）从故事叙述的角度切入。通过讲述一则动人的故事引出推广对象。生动形象的故事容易让用户产生代入感，拉近与用户的距离。当然，要保证故事的合理性、趣味性。

（2）从观点或情感表达的角度切入。通过情感的抒发和观点的表达引起用户的情感共鸣，从而吸引用户继续阅读，获取用户认同后再说服用户购买某产品。

（3）从热点的角度切入。热点往往自带流量，文案从当下的热点切入，能够有效提高用户对文案的关注度。例如，一篇今日头条文案以高考公布分数这一热点切入，引出对读书意义的讨论，最后宣传某 App 能辅助志愿填报。

（4）从经验分享的角度切入。站在用户的角度给目标用户分享使用经验、干货知识等，帮助用户解决问题的同时，自然地引出推广对象，从而得到用户认同。图 6-5 所示的今日头条文案从分享除水垢方法的角度切入，在介绍除水垢工具时融入推广产品，既不影响阅读体验，又实现了产品推广。

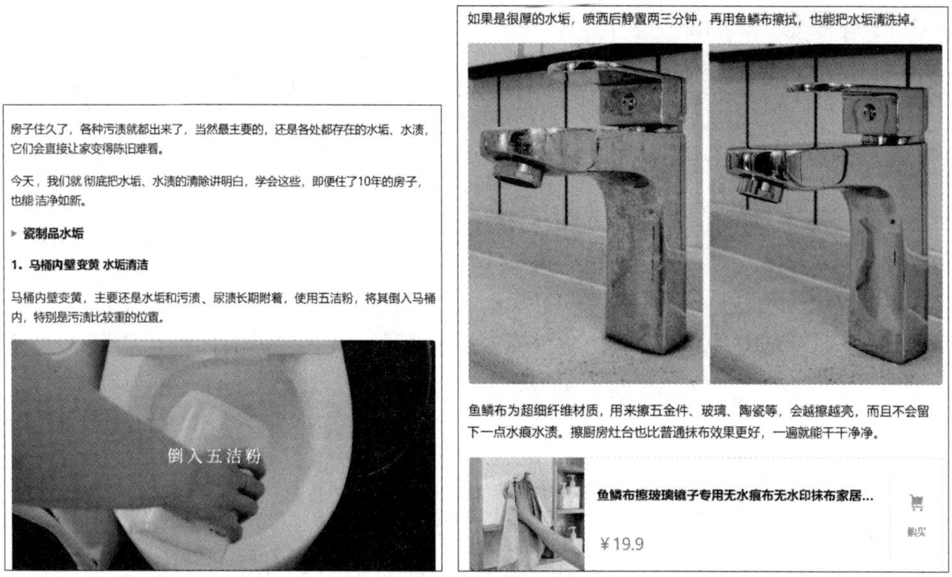

如果是很厚的水垢，喷洒后静置两三分钟，再用鱼鳞布擦拭，也能把水垢清洗掉。

房子住久了，各种污渍就都出来了，当然最主要的，还是各处都存在的水垢、水渍，它们会直接让家变得陈旧难看。

今天，我们就彻底把水垢、水渍的清除讲明白，学会这些，即便住了10年的房子，也能洁净如新。

▶ 瓷制品水垢

1. 马桶内壁变黄 水垢清洁

马桶内壁变黄，主要还是水垢和污渍、尿渍长期附着，使用五洁粉，将其倒入马桶内，特别是污渍比较重的位置。

倒入五洁粉

鱼鳞布为超细纤维材质，用来擦五金件、玻璃、陶瓷等，会越擦越亮，而且不会留下一点水痕水渍。擦厨房灶台也比普通抹布效果更好，一遍就能干干净净。

鱼鳞布擦玻璃镜子专用无水痕布无水印抹布家居...

¥ 19.9

图6-5 从经验分享的角度切入

3. 内容要具有针对性

在今日头条的内容推荐机制下，只有定位精准的文案才能获得较高的推荐量和阅读量。因此，文案人员在写作今日头条文案时，内容一定要专注于一个领域，如美食、旅游、科技等，同时要充分了解目标用户的需求和偏好，据此写作有针对性的内容，以吸引他们的注意，让他们感觉文案是有价值的。

例如，要写作一篇有关上班通勤的文案，首先需要确定其目标用户为上班族，然后考虑这类人关注的问题、存在的困惑、需要解决的难题等，有针对性地提供解答或解决方案。图 6-6 所示的文案就抓住了目标用户（上班族）通勤时间长的问题，并分享了高效利用通勤时间的方法，取得了不错的反响。

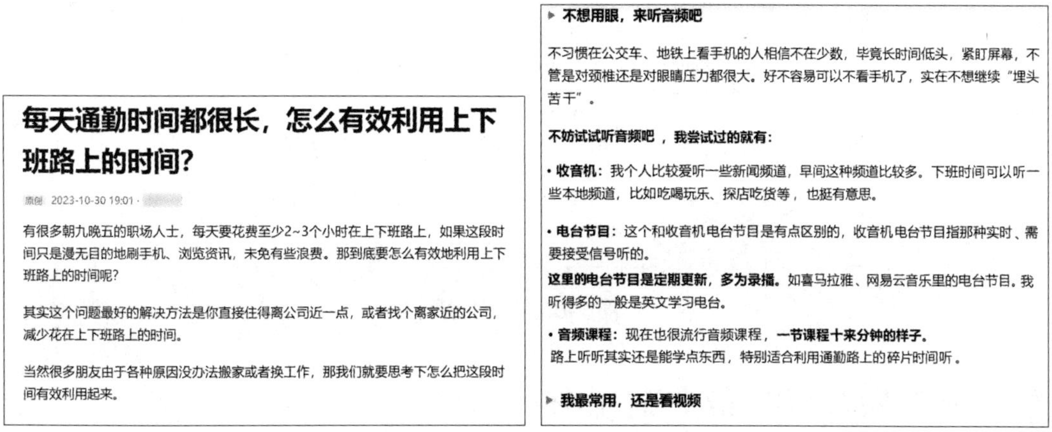

每天通勤时间都很长，怎么有效利用上下班路上的时间？

原创 2023-10-30 19:01

有很多朝九晚五的职场人士，每天要花费至少2~3个小时在上下班路上，如果这段时间只是漫无目的地刷手机、浏览资讯，未免有些浪费。那到底要怎么有效地利用上下班路上的时间呢？

其实这个问题最好的解决方法是你直接住得离公司近一点，或者找个离家近的公司，减少花在上下班路上的时间。

当然很多朋友由于各种原因没办法搬家或者换工作，那我们就要思考下怎么把这段时间有效利用起来。

▶ **不想用眼，来听音频吧**

不习惯在公交车、地铁上看手机的人相信不在少数，毕竟长时间低头，紧盯屏幕，不管是对颈椎还是对眼睛压力都很大。好不容易可以不看手机了，实在不想继续"埋头苦干"。

不妨试听音频吧，我尝试过的就有：

- **收音机**：我个人比较爱听一些新闻频道，早间这种频道比较多。下班时间可以听一些本地频道，比如吃喝玩乐、探店吃货等，也挺有意思。

- **电台节目**：这个和收音机电台节目是有点区别的，收音机电台节目指那种实时、需要接受信号听的。
这里的电台节目是定期更新，多为录播。如喜马拉雅、网易云音乐里的电台节目。我听得多的一般是英文学习电台。

- **音频课程**：现在也很流行音频课程，**一节课程十来分钟的样子。**
路上听听其实还是能学点东西，特别适合利用通勤路上的碎片时间听。

▶ **我最常用，还是看视频**

图6-6 写作要具有针对性

4. 内容要避免违规

今日头条对于内容的管理十分严格，制定了专门的内容创作规范，不允许违反法律法规和相关政策、抄袭侵权、无资质发布专业领域内容、发布谣言或不实内容等行为，不鼓励宣扬不良价值观、发布诱导低俗内容、使用不文明用语、恶意营销、不规范抽奖、使用低质标题（见图6-7）、发布低质内容（见图6-8）、发布已过时效内容等行为。

文案人员可以在今日头条首页点击右上角的"发布作品"按钮⊕，在打开的列表中选择"写文章"选项，在打开的页面的右上角点击"头条号发文规范"超链接，在打开的页面中查看该规范。

标题低质

通过夸张描述、隐瞒信息、扭曲原意等方式增加标题吸引力，引诱用户阅读，但与内文真实情况不符，造成用户阅读后心理落差与不良体验。包含但不限于以下场景。

- 标题夸张。
  - 夸张式标题：将感受、范围、结果、程度等夸张夸大描述，造成耸人听闻的效果。
  - 悬念式标题：标题滥用转折、隐藏关键性信息，营造悬念、故弄玄虚。
  - 强迫式标题：标题采用挑衅恐吓、强迫建议等方式，诱导用户阅读。
- 标题与内容原意有偏差。
  - 标题存在歧义：标题对要素信息的表达不清晰、不对称或不完整，形成冲突，对用户产生误导。
  - 标题无中生有：标题捏造内容中不存在的人、物、情节、言论等，或用猜测、不确定消息诱导用户点击。
  - 标题滥用名称、题材不明确：标题未明确所涉及题材，滥用演员名代替剧中人物名，或用新闻式标题描述影视剧情节，引起歧义，误导用户认为是明星花边或社会时政负面消息。
  - 封面与标题不符：封面图与内容主体完全不相关，或封面图结合标题易使读者产生误解。
- 标题不规范。标题含有错别字或存在语病、滥用标点符号、语义不通顺等，影响理解与阅读体验。

图6-7　标题低质

内容低质

图文格式混乱或不美观、音画质量差等影响阅读体验。包含但不限于以下场景。

- 图文低质的内容，包含但不限于以下场景。
  - 排版混乱：文章乱码、无段落或无标点。
  - 语意不明：病句或错别字较多、乱码有碍读者理解内容。
  - 逻辑混乱：内容拼凑或重复，前后内容没有衔接，无关内容占比较大。
- 音画低质的内容，包括但不限于以下场景。
  - 视频缩放画面：视频中角标/Logo/字幕被剪切，导致显示不全，或画面中人物面部被部分剪切。
  - 视频添加边框：视频添加边框且占比较大，或水印遮挡画面严重，无法识别视频主体。
  - 视频添加滤镜：画面带有严重滤镜至色彩失真，或人物明显发白、发红，呈现不正常色调。
  - 视频画面倾斜：画面整体被侧置或倒置，字幕、Logo、左右等特征为镜像翻转，或画面被非正常拉长或挤压变形。

图6-8　内容低质

👤（三）为今日头条文案配图

李经理说，今日头条文案除了文字，配图也必不可少。文案人员可以先写文字内容，再配上说明性的图片，一方面提升文案的视觉吸引力，另一方面直观地传达信息，使文案更易懂、更具可读性。文案人员在为今日头条文案配图时需要注意以下要点。

（1）清晰。图片要清晰，模糊、低质的图片会影响整篇文章的质量和阅读体验。图片中的主体也要清晰可辨，尽量选择背景简单的图片。

> **经验之谈**
>
> 今日头条提供了正版的高清图库供用户免费使用。其使用方法为：在"文章"编辑页面的编辑栏中单击 ☑ 按钮，在打开的页面中单击"免费正版图片"选项卡，在搜索框中输入相关的图片关键字，单击右侧的 🔍 按钮，在搜索结果中选择所需图片，再单击右下角的 确定 按钮。

（2）数量适当。图片的数量过少，会使用户觉得文案单调、枯燥，甚至失去继续阅读的欲望；但图片过多，也会使文案显得臃肿，让文案加载速度变慢，影响用户的阅读体验。

（3）图文匹配。图片是对文字的辅助说明，应和文字要表达的内容相匹配。例如，一篇描写城市人文风情的文案，可以选择展现城市标志性建筑、场所或风景以及地方特色美食的图片，让用户直观地领略城市的风貌，留给用户一定的想象空间，增加文案的趣味性和可读性。图6-9所示为一篇描写成都慢生活的今日头条文案，其选择的图片就展现了成都标志性的场所——茶馆，以及特色美食——肥肠粉，与文字描述相辅相成，茶馆图让用户感受到了成都茶馆的悠闲，美食图充分调动了用户的感官，让用户垂涎欲滴。

图6-9 描写成都慢生活的文案

（4）适当美化。如果需使用的图片存在画面歪斜、曝光不足等情况，应用图片编辑软件对图片进行适当优化，如调整色彩明暗等，或者为图片添加滤镜，使图片看起来更赏心悦目。同时，如果是同一主题的图片，可以统一图片色彩基调。图 6-10 所示为一篇介绍小清新装修风格的文案，其所配图片统一采用了温暖、淡雅、干净的色调，营造了静谧美好的氛围，给用户美的视觉感受。

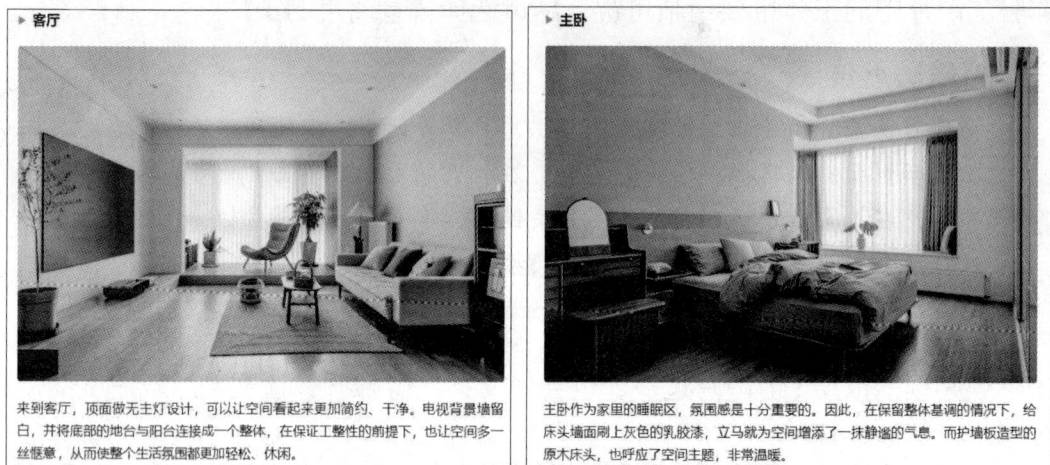

图6-10　介绍小清新装修风格的文案

（5）图片不能破坏内容的连贯性。图片不能随意放置，插入文案中的图片要和上下文联系得当。尽量在完整的段落后插入图片，不要在两个段落中间添加过多的配图，否则会破坏文章的完整性并影响用户的阅读体验。

> **经验之谈**
>
> 　　一般图片的位置安排有 3 种情况，若图片需要引导读者，引出下文要介绍的内容，则位于段落上方；若图片只是作为辅助，则置于段落下方；若有一节文字都是描述同一个主题，则图片可置于该节的段落中间，承上启下。

同步实训

实训一　为旅游打卡文案选择关键词

实训描述

　　小艺是一家旅行社的文案人员。最近旅行社推出了一个 989 元（原价 1299 元）重庆三天两日的旅游产品，行程包括鹅岭二厂、洪崖洞、南滨路、李子坝轻轨站、山

微课视频

为旅游打卡
文案选择关键词

城步道等。小艺要写一篇主题为重庆旅游打卡攻略的今日头条文案，介绍行程涉及的打卡地，并为该旅游产品做宣传。请同学们为该文案查找关键词。

🔧 操作指南

本实训可以在巨量算数中查找与"重庆打卡"相关的关键词，具体步骤如下。

步骤 01 进入巨量算数网站，搜索"重庆打卡"，在打开的页面中单击"关联分析"选项卡，在下方单击"内容关联词"选项卡，在右侧选择"头条"选项，查看相关关键词，如图6-11所示。

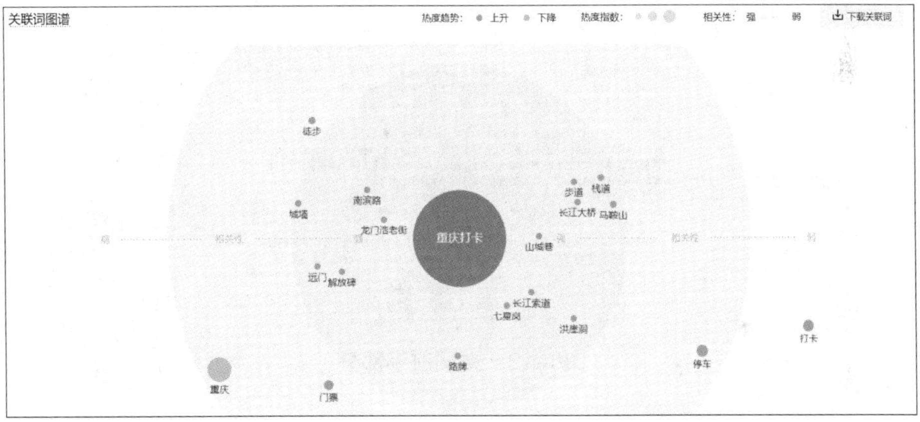

图6-11　查看相关关键词

步骤 02 结合文案的主题以及要介绍的各个打卡地，选择关键词，如"打卡""洪崖洞""步道""南滨路"。

💬 实训评价

同学们完成实训操作后，提交选择的关键词，老师按表 6-1 所示内容打分并点评。

表 6-1　实训评价

序号	评分内容	总分	老师打分	老师点评
1	选择的关键词是否与文案相关	50		
2	选择的关键词是否恰当	50		

总分：＿＿＿＿＿＿＿＿＿

👤 实训二　完善旅游打卡文案并配图

📋 实训描述

　　小艺查找资料后为文案拟定了标题"听劝的来看！盘点重庆旅游必打卡的 5 个地方，帮你少'踩雷'"，并写作文案，开头以经验分享的角度引入主题，然后逐个介绍打卡地，目前已经完成前半部分的写作（配套资源：\素材文件\项目六\旅游打卡文案 .docx），如图 6-12 所示。请同学们参照前半部分，完善该篇文案的内容，包括介绍李子坝轻轨站、山城步道，以及写作文案结尾（植入旅游产品的广告）。同时，在今日头条的"免费正版图片"中为文案选择合适的配图，并进行发布。

　　重庆是一座历史悠久的文化名城，主城两江环抱，依山而建，山在城中，城在山上。重庆是闻名遐迩的山城，也是很多人想去旅游的地方。作为一个每年打卡重庆不下 10 次的资深重庆"游客"，小艺要为大家盘点一下重庆必去的几个打卡点，让大家少'踩雷'。

1. 鹅岭二厂
　　鹅岭二厂是电影《从你的全世界路过》的取景地，如今已成为重庆的文艺潮流新地标，也是来重庆旅游必去的打卡拍照地。鹅岭二厂的前身是重庆印刷二厂，现在里面的建筑被改造成了文创店、酒馆等文艺小店，既保留了工业感，也给人小清新的感觉，阳光洒落在青石板路上，藤蔓攀爬在砖红色墙壁上，安静的角落勾起专属于老重庆的回忆。
　　交通方式：轻轨一号线直达，公交车更是可以直接到达门口，非常方便。
　　提示：逛完可以直接步行至李子坝景点，全程下台阶，比较轻松。
2. 洪崖洞
　　洪崖洞是一栋依山而建的商业楼，楼与山体之间的缝隙有点类似洞的感觉，只有 1 到 5 楼能看见洞，洪崖洞的主要看点是夜景，夜晚灯火辉煌的洪崖洞在江面上映出五彩斑斓的倒影，出片效果特别好。
　　交通方式：乘坐轻轨至小什字站，从 9 号口出来步行约 15 分钟。
　　提示：洪崖洞的亮灯时间是 19:30 到 23:00，人非常多，一定要提前到。

图6-12　文案前半部分

🔧 操作指南

　　本实训可以分为完善文案和为文案配图两部分。

1. 完善文案

　　完善文案需要先写作李子坝轻轨站、山城步道的介绍，再写作结尾，具体步骤如下。

步骤 01 写作李子坝轻轨站、山城步道的介绍。根据前半部分的写作情况，可以看出每个打卡地需要介绍其特点、交通方式和旅游注意事项3方面内容。介绍打卡地特色可以从目标用户的需求入手，思考他们旅游时想看什么、想领略什么，如介绍李子坝轻轨站就可以围绕"轻轨穿楼"的奇观展开，介绍山城步道时可以突出重庆的烟火气。而介绍交通方式和旅游注意事项时，语言要简练直白，交代清楚重点。至于关键词，"李子坝轻轨站"部分可以植入关键词"打卡"；"山城步道"部分可以多植入关键词"步道"。

参考示例：

4. 李子坝轻轨站

很多人可能都听说过，重庆有个地方可以看见"轻轨穿楼"的奇观，这个地方就是李子坝轻轨站。实际上，李子坝轻轨站本身就设置在一栋小楼里，所以每次轻轨列车进出出站，就会出现"轻轨穿楼"的奇观。在这里，你可以体会到重庆为什么会被叫作8D魔幻城市。

交通方式：乘坐轻轨2号线到李子坝站下。

提示：建议从A口出来，到观景台拍照打卡。

5．山城步道

来重庆逛街，一定不要错过山城步道！不同于洪崖洞这样的热门景点，山城步道是更有老重庆烟火气的一条街。整个山城步道依山势而建，保留了老街特色。步道里有很多小巷子和小铺子，本地人在这里卖豆腐脑、三角粑、锅盔，年轻人在这里开咖啡馆、手工店、插画店和工作室。

交通方式：乘坐轻轨至较场口站，再步行导航至"山城步道"，10分钟即可到达。

提示：建议下午4:00前往，还可看落日和夜景，夜晚的山城步道另有味道。

你写作的： ＿＿＿＿＿＿＿＿＿＿＿＿＿＿＿＿＿＿＿＿＿＿＿

＿＿＿＿＿＿＿＿＿＿＿＿＿＿＿＿＿＿＿＿＿＿＿＿＿＿＿＿＿＿＿＿＿＿＿＿＿

＿＿＿＿＿＿＿＿＿＿＿＿＿＿＿＿＿＿＿＿＿＿＿＿＿＿＿＿＿＿＿＿＿＿＿＿＿

＿＿＿＿＿＿＿＿＿＿＿＿＿＿＿＿＿＿＿＿＿＿＿＿＿＿＿＿＿＿＿＿＿＿＿＿＿

步骤 02 写作文案结尾。文案结尾需要植入旅游产品广告，并号召用户报名。植入广告可以从重庆地势复杂，一般人摸不清路这一点切入，告诉用户旅游团资深导游可以带领大家轻松游重庆，不用操心路线和行程安排。此外，结尾处可以多植入关键词"打卡"。

参考示例： 好了，这5个打卡地就介绍完了。好多人一定会说，你介绍这么多没用，重庆是个8D城市，我们到了还是找不到路啊。那小艺也有办法，我们××旅行社推出了重庆三天两日游，由资深导游带领大家去打卡，大家完全不用操心路线和行程安排。原价1299元，现在只要989元，有兴趣的赶紧找小艺哦。

你写作的： ＿＿＿＿＿＿＿＿＿＿＿＿＿＿＿＿＿＿＿＿＿＿＿

＿＿＿＿＿＿＿＿＿＿＿＿＿＿＿＿＿＿＿＿＿＿＿＿＿＿＿＿＿＿＿＿＿＿＿＿＿

＿＿＿＿＿＿＿＿＿＿＿＿＿＿＿＿＿＿＿＿＿＿＿＿＿＿＿＿＿＿＿＿＿＿＿＿＿

＿＿＿＿＿＿＿＿＿＿＿＿＿＿＿＿＿＿＿＿＿＿＿＿＿＿＿＿＿＿＿＿＿＿＿＿＿

2．为文案配图

接着为文案选择合适的配图，并进行发布，具体步骤如下。

步骤 01 进入今日头条首页并登录，将鼠标指针移到页面右上角的 ⊕ 按钮处，在打开的列表中选择"写文章"选项，在打开的页面中输入之前写好的标题和文案。

步骤 02 将光标定位到"1．鹅岭二厂"部分的最后，按【Enter】键，光标自动跳到下一行，单击工具栏上方的 🖼 按钮，在打开的窗口中单击"免费正版图片"选项卡，在搜索框中输入"鹅岭二厂"，单击右侧的 🔍 按钮，在搜索结果中选择与鹅岭二厂相关、有代表性、美观度高的图片，再单击右下角的 确定 按钮，如图6-13所示。

图6-13　选择图片

步骤 03 按照相同的方法为"2．洪崖洞""3．南滨路""4．李子坝轻轨站""5．山城步道"添加配图，部分效果如图6-14所示。

步骤 04 在下方的"标题设置"栏中单击选中"单标题"单选项，在"投放广告"栏中单击选中"不投放广告"单选项，单击 预览并发布 按钮即可发布。

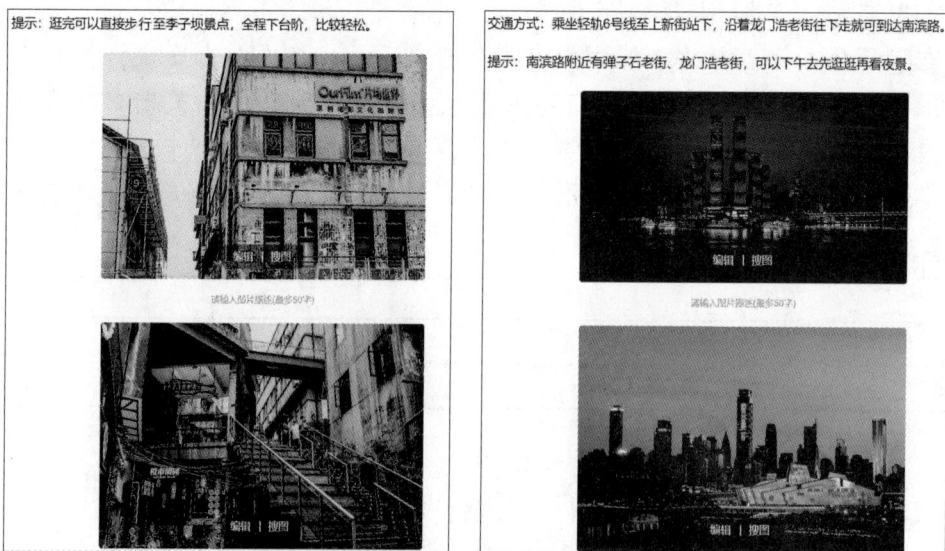

图6-14　添加配图的效果

实训评价

同学们完成实训操作后，提交写作的文案以及文案配图的截图，老师据此按表 6-2 所示内容进行打分并点评。

表 6-2　实训评价

序号	评分内容	总分	老师打分	老师点评
1	文案内容是否完整、有吸引力，并合理植入关键词	60		
2	文案配图是否合理、美观	40		

总分：_____

范例分析　一篇有趣的今日头条文案

某职场类内容创作者长期发布优质职场类内容，吸引了众多粉丝。近日，他写作并发布了一篇今日头条文案推广某 App，效果不错，浏览量非常大。该篇文案标题为"还在加班？打工人请善用职场工具，从琐碎的工作中解脱出来"，内容如图 6-15 所示。

寒冬的深夜，北风呼啸。城市里那座最显眼的21层高的写字楼里，只有19层的一个办公室还亮着灯。

是忘关灯了吗？不是，原来是职员小张还在手忙脚乱地加班。

"坏了，采购的这批电脑没有购买记录；完了，新添的办公桌怎么价格都是1元？天呐，这真是一笔糊涂账，我怎么处理呀？气死我啦！"

随着小张的一声怒吼，办公室里回声不断，但整个21层的写字楼里，谁又能听得见呢？

小张是一家中型企业的固定资产管理员，前几天其他部门的一个资产管理员离职，导致公司这些固定资产都归到小张这里来统一管理和盘点。但小张自己这边的资产管理已经十分烦琐、麻烦了，再加上离职员工的资产交接不完整，不是出现漏记，就是错记，甚至还有重复采购的现象，这可把盘点资产的小张难坏了。

墙上的时钟显示已经凌晨一点了，铃铃铃，小张的电话突然响了起来……

小张瞪大了眼睛，放下了手里的工作，琢磨一下。

"能这么方便地查看？这不是我领导干的活吗？每次我都是辛辛苦苦地做完数据，检查完各种错误，进行分析，手动做出报表给领导，领导要看出哪儿有问题，我还得改。要像你说的，我要有这App，它就把我的活儿干了，我自己就能随时查看数据，我就成领导啦？"

"哈哈，对呀，张总，有这么高效、便捷的玩意儿，你咋不用呢？"

小张茅塞顿开，站了起来，在办公室来回走了几步，"快说，这App叫什么？怎么用？"

小张一脸的无奈，"李哥，别逗我，什么'妈呀'，叫姥姥也不行。快说叫啥。"

李哥笑得肚子都疼了，"名字叫▒▒▒▒"

随后，李哥教小张如何下载▒▒▒▒▒App，小张很快就学会了如何运用这个App——将需要的数据批量导入，录入的资产条数无限制，手机端和PC端信息同步更新，轻松实现资产管理。

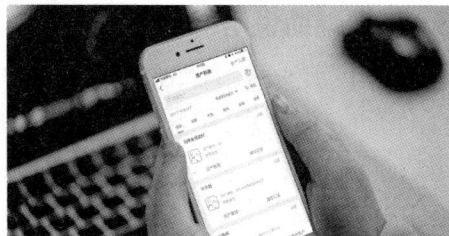

图6-15　今日头条文案

"喂，哦，李哥呀，啥事？快说，我忙着呢。"

电话那端的李哥笑着回答，"都几点了，忙啥呢？我微信问你周末郊游，你几点能到？你怎么也不回我呀？"

"周末还郊游？到周末我要搞不定这些数据，我领导要找我算账。"

李哥一听，原来是小张工作上遇到麻烦了，热心肠的李哥马上打听了一番……

然后，李哥不紧不慢地说："哎呀，我还以为啥事呢，不就是统计固定资产吗？有个App就直接搞定了，你不知道？"

小张不屑地回答，"算了吧，一个App能干啥？能替我盘点、记录、统计吗？"

"当然啦，它能轻松帮你记录公司资产变动情况，进行资产分析，还能自动生成报表呢。"

小张听得有点蒙，"你这不是App，你这是招了个秘书，全能的。"

"哈哈，小张啊，真有这个App，你只要在每次资产变动时，简单录入一下，或者把Excel表直接导入进去，你就不用管了，睡觉去吧。之后，你随时可以查看数据、分析资产情况、浏览统计数据饼状图，这多方便呀。"

李哥继续说："还有个更厉害的设备，便捷式固定资产标签打印机。你录入资产后，可直接打印标签，有了标签，以后只需扫码就可以方便地盘点啦。而且这标签防水防油、抗刮、抗撕、耐高温、不褪色，就算多年后设备坏了，标签都不会坏，哈哈。"

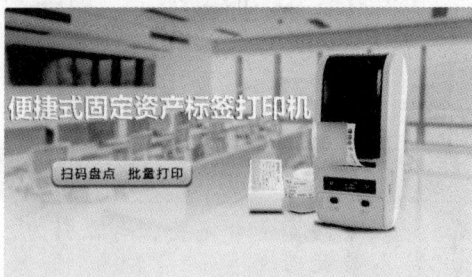

小张十分惊讶，"我的天，这比我贴条登记可方便多了。真是太棒了，你咋不早说呢？"

的确，有了　　　App和便携式固定资产标签打印机，小张真是如鱼得水，把公司的固定资产整理得清清楚楚。

图6-15　今日头条文案（续）

下面从以下3个方面分析该文案。

1. 以故事切入

该文案讲述了一个职员如何利用App解决工作难题的故事。故事讲得十分生动，加入了不少环境描写，主要通过生动、贴近生活的人物对话来推进故事，很容易让用户产生代入感。此外，文案还有一定的幽默感，如利用"玛雅"与"妈呀"的谐音来制造幽默效果。

2. 广告融入自然

该文案将推广对象作为一个重要元素融入故事中，通过故事主角的对话引出对App的介绍。在介绍App时依然保持了与前后文一致的语言风格，尽量模拟真实对话的语气和口吻，显得自然、不突兀。

3. 配图辅助说明

该文案的几张配图都是对文字内容的补充说明，第一张配图反映了一位职员因工作而焦头烂额的样子，与前面的故事描写相呼应，唤起用户对相关画面的想象；而第二、三、四、五张配图是与推广对象相关的图片，加深用户对推广对象的认知，尤其是第三张配图展示了App的页面，证明了App确实具有文中提到的功能，增强了文案的说服力。

课后习题

1. 单选题

（1）在今日头条中，一篇文章发表后会经历哪些推荐环节？（　　）

　　A. 内容审核、冷启动、正常推荐、复审

　　B. 冷启动、正常推荐、复审、热门推荐

　　C. 热门推荐、冷启动、复审、时效期

　　D. 正常推荐、内容审核、冷启动、复审

（2）在今日头条上发布的内容通过审核后，还需要经历（　　）这一道关卡。

　　A. 去重　　　　　　　B. 消重　　　　　　　C. 查重　　　　　　　D. 复审

（3）今日头条的专属数据分析平台是（　　）。

　　A. 巨量算数　　　　　　　　　　　B. 巨量引擎

　　C. 头条算法　　　　　　　　　　　D. 百度指数

2. 多选题

（1）下列关于今日头条内容推荐机制的说法，正确的有（　　）。

　　A. 今日头条将用户的标签与内容的标签进行匹配，找出与用户标签匹配度高的内容

　　B. 今日头条的内容推荐是随机的

　　C. 今日头条会分批次推荐内容

　　D. 如果一篇文章的初始阅读量不高，今日头条会加大推荐力度

（2）为今日头条文案配图时需要注意的问题有（　　）。

　　A. 一定要使用清晰的图片

　　B. 图片应和文字要表达的内容相匹配

　　C. 图片的数量应适当

　　D. 图片一定要安排在正文结尾

（3）关键词可以布局在文案的（　　）。

　　A. 标题　　　　　　　　　　　　　B. 首段

　　C. 正文小标题　　　　　　　　　　D. 最后一段

3. 判断题

（1）为了避免内容被"消重"，应该尽量坚持原创，提升内容质量。（　　）

（2）今日头条的用户具有男性占比较大，生活在一线、新一线城市，高学历、高收入、高消费和高价值等特点。（　　）

（3）写作今日头条文案时，可以原封不动地照搬他人文案的段落。（　　）

项目总结

写作今日头条文案
├─ 认识今日头条平台
│   ├─ 今日头条的用户画像及其内容偏好
│   └─ 今日头条的内容推荐机制 ⊙ 个性化推荐、分批次推荐
└─ 着手写作今日头条文案
    ├─ 设置关键词 ⊙ 查找关键词、布局关键词
    ├─ 今日头条文案的写作要点 ⊙ 内容要原创、寻找合适的切入点、内容要具有针对性、内容要避免违规
    └─ 为今日头条文案配图 ⊙ 清晰、数量适当、图文匹配、适当美化、图片不能破坏内容的连贯性

项目七

写作短视频文案

情境创设

观看短视频是小艾主要的娱乐方式。最近，她看到别人拍的有趣短视频后，也想自己拍一个记录日常生活的短视频，配上自己写的文案作为旁白。但试了几次，短视频效果都不太好，也没有人点赞。

小艾对此很困惑，李经理看了小艾拍的短视频说，短视频画面好看，但文案不够吸引人。很多热门的短视频之所以受欢迎，文案是关键因素。接着，他便带着小艾一起学习短视频文案写作。

知识目标

1. 熟悉短视频文案的特点和组成。
2. 掌握短视频脚本的写作思路和写作技巧。

能力目标

1. 能够分辨不同的短视频文案。
2. 能够写作短视频脚本。

素养目标

1. 保持积极向上的心态，输出正向价值观。
2. 积极发扬创新精神，创作出有新意的短视频。

任务一 认识短视频文案

任务描述

听了李经理的话，小艾有些疑惑：用户看短视频时不是更关注画面吗？李经理说，短视频画面的视觉冲击力固然重要，但文案有助于短视频主题的表达，有时甚至是画龙点睛之笔。李经理看小艾对短视频文案缺乏认识，只好从基础知识讲起。

任务实施

（一）短视频文案的特点

李经理打开一个搞笑剧情短视频，与小艾一同观看，他们看得很开心。接着，李经理又带着小艾看了其他短视频，并总结了短视频文案的主要特点：简洁明了、注重感性表达、通俗易懂。

1. 简洁明了

短视频的时长通常在几十秒到几分钟之间，因此短视频文案需要简洁明了、直奔主题，使用大量短句，在短时间内传达核心信息，使用户一目了然，切忌拖泥带水、长篇大论。

2. 注重感性表达

大部分用户观看短视频都是为了放松、娱乐，因此短视频文案通常不会太理性、严肃，也不过于追求逻辑严谨和客观中立，而是更倾向于在感性层面打动用户，如通过感人故事引发用户情感共鸣，或通过搞笑段子让用户感到快乐（见图 7-1），等等。

图7-1　搞笑段子

3. 通俗易懂

用户一般利用碎片化时间观看短视频，耐心有限，且会在很短时间内决定是否继续观看，因此短视频文案一定要通俗易懂，避免使用专业术语和高深理论，以让用户能够快速理解。

（二）短视频文案的组成

小艾问：短视频文案是不是就是字幕，常表现为主角的对话或旁白？李经理说这样理解并不全面，短视频文案除了字幕，还包括标题和脚本。

1. 标题

标题是对短视频主题的高度概括，好的标题可以引起用户的好奇心，吸引用户观看短视频，从而为短视频带来流量。图 7-2 所示为部分短视频标题。

图7-2　短视频标题

2．脚本

脚本是指表演戏剧、拍摄电影等所依据的剧本。就短视频而言，脚本是整个短视频的发展大纲，用以确定剧情的发展方向和拍摄细节。短视频脚本可以分为提纲脚本、文学脚本、分镜头脚本3种。

（1）提纲脚本。提纲脚本涵盖短视频内容的各个拍摄要点，通常包括对主题、风格、画面的阐述。新闻类、旅行类短视频常使用提纲脚本。表7-1所示为某宠物短视频的提纲脚本。

表 7-1　某宠物短视频的提纲脚本

拍摄要点	内容
主题	小猫吃东西
风格	日常生活
画面①	小猫休息：以近景为主，要拍到小猫抬头的画面
画面②	小猫吃东西：①拍摄准备猫粮的画面（远景为主）；②拍摄小猫吃猫粮的画面（中近景为主）；③拍摄小猫吃猫条的画面（中全景，以产品为背景，要有小猫抢着吃的画面）；④拍摄小猫吃罐头的画面，然后是小狗赶走小猫的画面（中全景为主）

续表

拍摄要点	内容
画面③	拍摄小猫左看右看的画面（全景为主）

（2）文学脚本。文学脚本类似电影剧本，以故事的开始、发展和结尾为叙述线索。文学脚本通常只需要写明短视频中的人物需要做的事情或完成的任务、台词等。简单来说，文学脚本需要表述清楚故事的人物、地点、时间等。图 7-3 所示为某短视频的文学脚本示例（部分）。

晚上，弟弟和姐姐两个人在家。

打开家里的电视，姐弟两人正在看电视，弟弟在剥香蕉。

此时姐姐看到弟弟的香蕉已经剥好，若有所思的样子，于是掏出手机，拨打弟弟的号码，随后弟弟手机响起。

姐姐：老弟，你手机响了。

弟弟转头去拿手机。弟弟刚好拿起，但电话已经挂断，发现是姐姐拨打的电话，发现大事不妙——等到弟弟回头时，手上的香蕉已经不翼而飞，只剩下香蕉皮。

姐姐：你别看我，我可没有偷吃。

弟弟：奇了怪了，这香蕉，难道会长翅膀？
此时姐姐偷偷地将右手抬起，左手捂住嘴，在偷吃弟弟的香蕉。

图7-3　文学脚本示例（部分）

（3）分镜头脚本。分镜头脚本由一个个镜头组成，每个镜头用“镜号 ×”表示，每个镜头包括画面内容、景别、拍摄方式（镜头运用）、时长、台词和音效等内容。有些专业短视频团队撰写的分镜头脚本甚至会涉及摇臂使用、灯光布置和现场收音等内容。

分镜头脚本的内容更加精细，能够表现短视频前期构思时对短视频画面的构想，并将文字内容转换成可以用镜头表现的画面，因此，其写作比较耗费时间和精力。

3. 字幕

字幕泛指影视作品中后期加工形成的文字。一般来说，短视频文案中的字幕包括两类：一类是短视频中人物所说的台词；另一类则是对短视频内容的解释说明，以帮助用户更顺畅地理解短视频内容，优化其观看体验。图 7-4 所示的短视频文案中，字幕为人物台词；而图 7-5 所示的短视频文案中，顶部则添加了有关产品功能的字幕，以强调产品卖点。

图7-4　人物台词类字幕

图7-5　解释说明类字幕

任务二　写作短视频脚本

任务描述

　　小艾听后认为脚本是制作短视频的关键，便请李经理为自己讲讲短视频脚本的写作。李经理说分镜头脚本的信息较全面，掌握了它的写法，其他脚本的写作也就不在话下了。于是，李经理便以分镜头脚本为例，讲解了短视频脚本的写作。

任务实施

（一）短视频脚本的写作思路

　　李经理提醒小艾，短视频与文字的呈现方式不同，短视频是由一个个镜头组接而成的，因此其写作思路与一般的文案不同。短视频脚本的写作思路一般包括确定主题、规划内容框架、填充内容细节、完成脚本4个部分。

　　（1）确定主题。每个短视频都要有一个明确的主题。文案人员在确定主题时首先要关注目前所属内容领域的热门选题，如美食类短视频的热门选题有减脂餐、营养餐、宝宝辅食等；美妆类短视频的热门选题有化妆教程、仿妆教程等。此外，还要考虑目标用户的喜好和需求，如美食类短视频的目标用户是"宝妈"，那么可以将短视频主题确定为宝宝辅食制作。

（2）规划内容框架。确定主题之后，就需要规划内容框架。规划内容框架，需要想好通过什么样的内容细节及表现方式来展现短视频的主题，包括人物、场景、事件等，并对此做出详细的规划。例如，需要制作一个夏日甜品的美食类短视频来推广××牌巧克力，已确定拍摄主题为"制作草莓巧克力球"，其内容框架如表7-2所示。

表7-2　"制作草莓巧克力球"短视频的内容框架

要点	内容
拍摄主体	草莓巧克力球的原料和成品
人物	一名身穿围裙的男子
场景	厨房
事件	男子展示草莓巧克力球的制作方法
品牌植入方式	将需要植入的巧克力以道具的方式呈现在画面中，并以念台词的方式把巧克力的信息展示出来

（3）填充内容细节。确定好内容框架之后，还需要填充更多的细节内容。例如，男子在砧板上切碎黑、白两种巧克力，将巧克力碎放入玻璃杯中，将整个玻璃杯放入小锅中，隔水融化巧克力。

（4）完成脚本。完成内容细节的填充后，还需要确定每个镜头的镜号、景别、拍摄方式、画面内容、台词、声音、时长，然后将其整理为完整的脚本。

①镜号。镜号就是镜头编号，一般按组成短视频画面镜头的先后顺序，用数字表示。

②景别。景别一般包括远景、全景、中景、近景和特写5种，不同的景别可以表现不同的人物特征以及情绪等，具体可以根据故事整体脉络以及矛盾冲突点来设置。例如，人物受到巨大打击时，可用面部表情或手部动作特写表现人物的心理变化。

拓展阅读

景别、运镜与
机位

③拍摄方式。拍摄方式涉及运镜和机位。常见的运镜方式包括固定镜头和推、拉、摇、移等运动镜头。机位包括平视机位、俯视机位、仰视机位等。

④画面内容。画面内容需要用精练、具体的语言描述出要表现的具体画面形象，必要时可以使用图形、符号来表达。

⑤ 台词。台词是为镜头表达准备的，既可以是人物的对话，也可以是旁白或标注的文字。台词若是人物的对话，则要能推动剧情，并显示人物性格。例如，要塑造一个勤俭持家的人物形象，可以设计该人物在买菜时与菜店店主还价的对话。台词若是旁白或标注的文字，则应起到解释说明、助推剧情等作用。

⑥ 声音。声音指背景音乐或音效。背景音乐一般使用与短视频主题匹配的音乐，如介绍传统文化的短视频可以使用古风音乐；音效包括现场的环境声、雷声、雨声、动物叫声等，其作用是增强真实感和代入感。

⑦ 时长。时长与内容的详略有关。通常应根据短视频整体的时长、故事的主题和主要矛盾冲突等因素确定每个镜头的时长。

表 7-3 所示为"制作草莓巧克力球"短视频的分镜头脚本。

表 7-3 "制作草莓巧克力球"短视频的分镜头脚本

镜号	景别	拍摄方式	画面内容	台词	声音	时长
1	中景	固定镜头，平视机位	在盆中倒入提前洗干净、去蒂的草莓，备用	今天我们来自制草莓巧克力球，先将草莓倒入盆中	小清新风格的背景音乐	2秒
2	中景		把××牌黑、白巧克力放在砧板上，打开包装，慢慢展示，然后将其切碎	将巧克力切碎，这次准备的是××牌的黑巧克力和白巧克力，采用的是优质可可豆，口感酥脆，有甘草般的香气		6秒
3	中景		将巧克力放入玻璃杯中，将整个玻璃杯放入小锅中，隔水融化巧克力	现在先将巧克力隔水融化		3秒
4	中景		用夹子夹住草莓，让其浸泡在巧克力液体中，然后取出	将草莓放进来，让草莓表面裹满巧克力		3秒
5	中景		将草莓放置到托盘中	等待草莓表层的巧克力凝固		2秒
6	特写		切开草莓巧克力球，向镜头展示	这样草莓巧克力球就做好啦，是不是很简单！赶紧做起来吧，记得一定要用××牌巧克力哦		2秒

总时长：18秒

（二）短视频脚本的写作技巧

经过李经理的介绍，小艾知道该怎么写脚本了，但怎么才能让短视频获得更多人的喜爱呢？李经理说，现在很多热门短视频都有一定的相似之处，实质就是运用了短视频脚本写作的一些技巧，掌握这些技巧，可以让短视频更有吸引力。

1. 在开头设置吸引点

短视频需要在刚开始（5 秒以内）就吸引用户的注意力，因此必须要设置一个能吸引用户眼球的点，文案人员可以直接将短视频最吸引人的部分放在开头，吸引用户停留，如开头设置悬念、制造情节冲突、提出疑问等。例如，某短视频开头提问"毕业后，到底是去大城市，还是回到小城市？"，促使用户思考，并激发用户的讨论欲，使短视频获得了较多的评论。

> **动手做**
>
> **观看短视频并分析开头**
>
> 请随机观看几个短视频，看完后收藏喜欢的短视频，说说这些短视频的开头为什么会吸引你。

2. 设置冲突和反转

适当设置冲突和反转可以增强短视频的戏剧性，给用户惊奇感，从而吸引用户。

（1）冲突。在短视频中，冲突可以表现为人与人之间的冲突，如两位同学因误会产生争执；也可以表现为人物自身的内心冲突，如人物面临理想与现实的抉择；还可以表现为人物与自然环境或社会环境之间的冲突，如人物来到外地，不适应当地的饮食，等等。

（2）反转。反转指情节由一种情境转换为相反的情境、人物身份或命运向相反方向转变等。反转讲究"情理之中，意料之外"。在短视频中，设置反转的方法很多，文案人员可以通过人物性格、行为、形象的转变或反差来设置反转剧情，如看似冷漠的人在某个关键时刻展现出同情心，或外表朴素的老奶奶实际上是乔装打扮的公司高管，等等；也可以安排不按常规套路发展的结尾来给用户出人意料的感觉，如小狗可怜巴巴地挡在门口阻止主人关门，用户多半会以为小狗舍不得主人离开，结果剧情反转，主人只是去厨房做饭，关门是为了避免小狗捣乱。

👆 **动手做**

观看短视频并分析反转技巧

请同学们打开抖音 App，搜索"反转"，观看搜索出来的短视频，说说这些短视频是如何设置反转的。

3. 升华主题

升华主题是文学上常用的表现手法，用以提升作品的思想境界，如从爱母亲升华到热爱祖国。短视频中的升华主题主要是指将一个浅显、普遍的问题提升到另一个精神层面，通常安排在结尾。如果短视频包含升华主题的内容，则很容易得到大量的点赞、评论和转发。例如，某短视频讲述了自己登黄山看日出的经过，其结尾是"我感受到了一股强大的力量，是日出，是希望，是冉冉升起的新太阳，是我勇敢又热烈的 20 多岁"。该结尾从日出升华到了日出所代表的生命力和希望，令人回味。

4. 多使用短镜头

短镜头（时长不超过 10 秒）的快节奏能给人新奇、刺激之感，而长镜头的节奏慢，易显得沉闷。就短视频而言，短镜头更能吸引用户。因此在写作脚本时可以多使用短镜头，每个镜头画面没必要交代得太详细，可以借助台词来辅助说明，这样更能适应用户利用碎片化时间接收信息的习惯。

5. 套用写作公式

现在很多热门短视频都有一定的套路，写作时可以套用以下公式。

（1）搞笑短视频＝熟悉的故事＋剧情反转（甚至多次反转）。

（2）正能量/励志短视频＝故事情景＋金句亮点＋总结（内容价值观要正确）。

（3）教学短视频＝提出问题＋解决方案＋总结。

（4）带货短视频＝场景引出产品＋亮点 1＋亮点 2＋亮点 3＋总结＋引导下单。

📝 **素养小课堂**

当前短视频的内容良莠不齐，有些短视频为了吸引眼球过于追求娱乐性，或传递不正确的价值观。文案人员在写作短视频脚本时要尽量兼顾娱乐性和教育性，将正向的价值观自然融入短视频内容中，如介绍我国人文景点时，升华为对传统文化的赞扬，激发用户的家国情怀，且应注意避免生硬、刻板的说教。

同步实训 为带货短视频写作短视频脚本

实训描述

某文具品牌最近推出了一款线圈式笔记本（4本9.9元），支持360°翻折，内页采用加厚纸张，顺滑、不浸墨，外壳是PP磨砂外壳，印有品牌Logo，防水耐脏。该品牌打算拍摄带货短视频推广该笔记本，请同学们为其写作相应的分镜头短视频脚本。

操作指南

本实训可分为确定主题、规划内容框架、填充内容细节及完成脚本4部分。

1. 确定主题

带货短视频的主题十分明确，即介绍笔记本的卖点。

2. 规划内容框架

该短视频主要是简单展示笔记本，没有情节，可以在简单的场景中双手摆弄笔记本，但要保证背景干净、便于展示笔记本。至于品牌植入方式，带货短视频可以直接念出品牌名，具体如表7-4所示。

表7-4 内容框架

要点	内容（示例）	内容（你规划的）
拍摄主体	线圈式笔记本	
人物	女子	
场景	书桌桌面	
事件	女子双手展示笔记本，先展示整体外观，再展示外壳、线圈和纸张，最后再次展示整体外观，同时号召用户下单	
品牌植入方式	直接通过念台词的方式把品牌名展示出来	

3. 填充内容细节

该短视频的内容细节主要涉及如何展示笔记本。一般来说，笔记本需要展示的部分包括整体外观、外壳、线圈、纸张等，每部分的特点应通过不同的方法来展示，需要专门设计。具体如表 7-5 所示。

表 7-5 填充内容细节

展示部分	展示方法（示例）	展示方法（你设计的）
整体外观	①把笔记本摆放在桌面上 ②将笔记本拿在手上左右微晃	
外壳	在外壳上滴水并用纸巾擦干，然后近距离展示完好如初的外壳	
线圈	把笔记本反复翻折，然后拉扯纸张，展示纸张不会掉	
纸张	在纸上写字"加厚纸张，不浸墨"，翻到纸张背面做证明展示	

4. 完成脚本

完成脚本要确定镜头数量，每个镜头的画面内容、景别、拍摄方式、台词、声音、时长，具体步骤如下。

步骤 01 确定镜头数量。根据此前的规划，需要依次展示整体外观、外壳、线圈、纸张、整体外观，因此可以相应地安排5个镜头。

步骤 02 确定画面内容、景别和拍摄方式。结合之前设计的展示方法来确定每个镜头对应的画面内容，然后根据画面内容选择合适的景别和拍摄方式，如要让用户看清在纸张上写的字，景别应为特写，拍摄方式应是俯视机位、固定镜头。

步骤 03 确定台词。台词需要根据画面内容进行补充说明，如画面展示的是纸张，台词就应用于说明纸张的特点。

步骤 04 确定声音和时长。声音统一采用轻快的背景音乐，时长则应根据展示方法的复杂程度来确定，如展示外壳需要滴水、擦干，操作更复杂，时长就应更长。

结合以上的信息，完成分镜头脚本，示例如表 7-6 所示（篇幅限制，这里不提供空白表格，可以自行在 Excel 表格中填写）。

表 7-6　线圈式笔记本的分镜头脚本

镜号	景别	拍摄方式	画面内容	台词	声音	时长
1	近景	固定镜头，平视机位	双手拿 3 本笔记本，左右微晃	朋友们，挖到宝了，宝藏线圈式笔记本来了，是 ×× 牌的，咱这样的学霸怎么也得来几本	小清新风格的背景音乐	3 秒
2	特写	固定镜头，俯视机位	在外壳上滴水，再用纸巾擦干，外壳完好如初	外壳采用 PP 磨砂材质，防水耐脏		6 秒
3	近景	固定镜头，平视机位	双手反复翻折笔记本，然后拉扯纸张，纸张依然不掉	线圈设计，可以 360° 翻折，纸张怎么扯都不会掉		3 秒
4	特写	固定镜头，俯视机位	在纸上写字，已写好的字为"加厚纸张，不浸墨"，翻到背面，背面很干净	加厚纸张，书写顺滑、不浸墨		4 秒
5	近景	固定镜头，俯视机位	将 3 本笔记本摆到桌面上	4 本才 9.9 元，还不赶紧下单		3 秒

总时长：19 秒

💬 实训评价

同学们完成实训操作后，提交写作的分镜头脚本，老师据此按表 7-7 所示内容进行打分并点评。

表 7-7　实训评价

序号	评分内容	总分	老师打分	老师点评
1	脚本结构是否完整	20		
2	镜头的景别、拍摄方式、画面内容是否合理	40		
3	台词是否能辅助理解，是否有吸引力	40		

总分：＿＿＿＿＿＿

范例分析　解析一个搞笑短视频的脚本

　　某短视频达人经常拍摄自己与外婆的故事，并将其制作为短视频发布。短视频轻松幽默，赢得了不少用户的喜爱。表7-8所示为她发布的一个短视频的脚本。

表 7-8　短视频脚本

镜号	景别	拍摄方式	画面内容	台词	声音	时长
1	中景	固定镜头，平视机位	外婆站着，从大衣的口袋掏出外卖条，孙女尴尬地面对镜头	旁白：当外婆发现我点外卖不告诉她	幽默的音效	1秒
2	中景	固定镜头，平视机位	外婆手拿外卖条，俯身看向孙女，略生气地对孙女说话。孙女笑着看向外婆	外婆：你吃外卖不叫我		2秒
3	近景	固定镜头，平视机位	外婆与孙女坐在沙发上，外婆手放在孙女肩上并说话，孙女看向外婆	外婆：你现在吃好东西		3秒
4	特写	固定镜头，平视机位	外婆脸上露出难以置信的表情	外婆：都不告诉我了		1秒
5	近景	固定镜头，平视机位	外婆一手拿放大镜，一手拿外卖条，并朝着孙女说话	外婆：还点了我喜欢吃的水果沙拉		2秒
6	近景	固定镜头，平视机位	外婆透过放大镜看外卖条，并说话	外婆：我再看一下，还有麻辣烫我也喜欢吃		4秒
7	中景	固定镜头，平视机位	外婆站起来看着孙女，孙女坐着望向外婆	外婆：我不想跟你玩了，我去告诉你妈妈		4秒

总时长：17秒

　　该短视频讲述了孙女与外婆之间因外卖而产生的小插曲，内容生动，有生活气息。下面从几个方面来分析该短视频脚本。

1. 开头直接引入冲突

　　该短视频开头没有任何铺垫，直接引入剧情冲突——外婆发现孙女背着她点外卖。这样可以快速吸引用户的关注，并留下悬念——"外婆为什么如此在乎这件事？"，进而吸引用户继续观看。

2. 情节紧凑有起伏

该短视频截取的是生活中的一个小片段，时间、空间集中，对于情节的交代简明扼要，省略了各种细节，仅通过几句台词就把冲突的产生和解决（外婆告状）交代清楚，很符合短视频碎片化、节奏快的特点。

3. 台词有助于塑造人物形象

该短视频的台词主要是外婆的对白，语言十分口语化，还有点啰唆，符合俏皮老太太的形象。

4. 结尾出人意料

按照前面的剧情，外婆发现孙女背着自己点外卖的，用户可能认为外婆会生气，没想到外婆居然表示要向孙女的妈妈（即自己女儿）告状。这个结尾出人意料，却又符合老太太的人物设定，充满了幽默感。

5. 镜头的景别多为中、近景

该短视频的场景、情节简单，人物没有大幅度的动作，因此大量使用中、近景，以更好地展现人物的表情，人物在画面中占比较大，视觉冲击力也更强。

课后习题

1. 单选题

（1）下列各项中，不属于短视频文案特点的是（　　　）。

　　A. 简洁明了　　　　　　　　　　B. 通俗易懂

　　C. 注重感性表达　　　　　　　　D. 多使用长句子

（2）以下不属于短视频脚本写作技巧的是（　　　）。

　　A. 设置反转　　　　　　　　　　B. 升华主题

　　C. 安排剧情冲突　　　　　　　　D. 添加专业词汇

（3）（　　　）中通常只需要写明短视频中的人物需要做的事情或完成的任务、台词等。

　　A. 文学脚本　　　　　　　　　　B. 分镜头脚本

　　C. 标题　　　　　　　　　　　　D. 提纲脚本

2. 多选题

（1）短视频文案的组成包括（　　　）。

　　A. 标题　　　　　　　　　　　　B. 脚本

       C．字幕   D．贴纸

（2）短视频脚本可以分为（　　　　）。

       A．提纲脚本   B．文学脚本

       C．分镜头脚本   D．漫画脚本

（3）下列各项属于分镜头脚本内容的有（　　　　）。

       A．画面内容   B．景别

       C．时长   D．台词

3．判断题

（1）短视频脚本用以确定短视频剧情的发展方向和拍摄细节。　　（　　　）

（2）镜头景别只包括远景、全景、中景、近景4种。　　（　　　）

（3）分镜头脚本中的台词既可以是人物的对话，也可以是旁白或标注的文字。　　（　　　）

项目总结

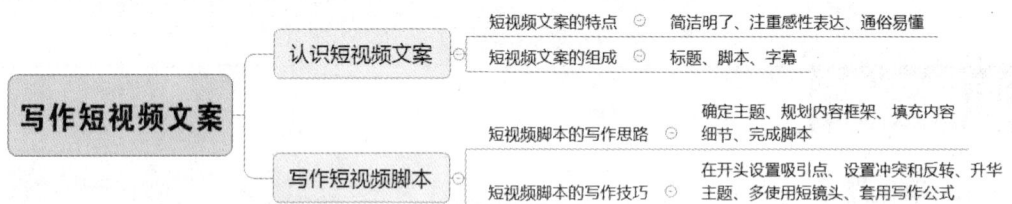

项目八

写作直播文案

情境创设

　　小艾最近迷上了看直播。在直播过程中，主播对各种产品的介绍经常打动小艾。李经理说，当前直播十分热门，很多商家通过直播来营销商品、品牌，而直播文案对于直播的营销效果有着至关重要的影响，因此文案人员有必要认真学习直播文案的相关知识。

任务一　认识直播文案

任务描述

小艾一直以为直播不需要文案，只要主播临场发挥就行。李经理见小艾对直播文案缺乏了解，就为她详细讲解了相关知识。

任务实施

（一）直播文案的分类

李经理告诉小艾，主播在直播中会有一些常用的固定表达，如"家人们给主播点点关注"等，这些属于直播文案中的直播话术。此外，直播文案还包括直播脚本。

1. 直播脚本

直播脚本是整场直播的流程框架，它能让整场直播朝预想的方向有序进行，一定程度上可以规避直播风险。直播脚本的内容涉及直播的时长、产品介绍或活动开展的具体时间、活动的力度等。直播脚本有单品直播脚本和整场直播脚本两种。

（1）单品直播脚本。一场直播一般会持续 2~6 小时，会推荐多款产品，单品直播脚本即以单个产品为单位的脚本，可以规范产品解说。单品直播脚本围绕产品来写作，核心是突出产品卖点。以服装为例，单品直播脚本可以围绕服装的尺码、面料、颜色、款式、细节特点、适用场景、搭配等方面写作。

单品直播脚本一般以表格形式呈现，包含品牌介绍、产品卖点、产品优惠信息，注意事项等项目。表 8-1 所示为 ×× 电器旗下一款电饭煲的直播脚本示例。

表 8-1　单品直播脚本示例

项目	宣传点	具体内容
品牌介绍	品牌理念	×× 电器专门从事创意小家电的研发、设计、生产和销售，希望具有创造精神的年轻人过有创造力的生活
产品卖点	功能多样	可以制作汤、粥、燕窝、甜品、蛋糕等
	支持预约	可 24 小时预约，到点自动烹煮
	不粘涂层	米饭不粘锅，汤粥不糊底
产品优惠信息	延续"双十一"优惠	在直播间下单的小伙伴享受与"双十一"同样的价格，下单时备注主播名字"××"
注意事项	引导用户分享直播间并点赞，引导用户加入微信粉丝群	

（2）整场直播脚本。整场直播脚本以单品直播脚本为单位，对整个直播过程进行规划，通常是对直播流程和内容的细致说明。整场直播通常有一定的流程，首先是开播后的开场预热，引导用户关注；然后是活动剧透，简单介绍所有产品并重点推荐热门产品；接着逐一讲解产品，中途可设置互动环节；最后对下一次的直播进行预告。表 8-2 所示为某家电品牌的整场直播脚本示例。

表 8-2　整场直播脚本示例

×× 品牌整场直播脚本	
直播时间	2022 年 3 月 26 日，20:00 —21:45
直播地点	×× 直播室
直播主题	×× 品牌家电促销
产品数量	6 款
主播介绍	主播：××　　助理：××　　客服：××

续表

直播流程				
时间段	流程规划	人员分工		
		主播	助理	客服
20:00—20:10	开场预热	自我介绍，与进入直播间的用户打招呼，介绍开场直播截屏抽奖规则	演示直播截屏抽奖的方法，回答用户的问题	向各平台分享开播链接，收集中奖信息
20:11—20:20	活动剧透	简单介绍本场直播的流程，说明直播间的优惠力度	配合主播展示产品，补充主播遗漏的内容	向各平台推送直播活动信息
20:21—20:30	产品推荐	讲解第1款产品，全方位展示产品外观，详细介绍产品特点，回复用户问题，引导用户下单	协助主播展示产品，回复用户问题	发布产品的链接，回复用户订单咨询
20:31—20:40	产品推荐	讲解第2款产品	协助主播展示产品，回复用户问题	发布产品的链接，回复用户订单咨询
20:41—20:45	红包活动	与用户互动，鼓励用户参与	提示发送红包时间节点，介绍红包活动规则	发送红包，收集互动信息
20:46—20:55	产品推荐	讲解第3款产品	协助主播展示产品，回复用户问题	发布产品的链接，回复用户订单咨询
20:56—21:05	产品推荐	讲解第4款产品	协助主播展示产品，回复用户问题	发布产品的链接，回复用户订单咨询
21:06—21:10	福利赠送	提醒用户点赞满××即抽奖，中奖者获得保温杯一个	提示福利赠送时间节点，介绍抽奖规则	收集中奖者信息，与中奖者取得联系
21:11—21:20	产品推荐	讲解第5款产品	协助主播展示产品，回复用户问题	发布产品的链接，回复用户订单咨询
21:21—21:30	产品推荐	讲解第6款产品	协助主播展示产品，回复用户问题	发布产品的链接，回复用户订单咨询

续表

直播流程				
时间段	流程规划	人员分工		
		主播	助理	客服
21:31—21:35	红包活动	与用户互动，鼓励用户参与	提示发送红包时间节点，介绍红包活动规则	发送红包，收集互动信息
21:36—21:45	直播预告	预告下一次直播的主推产品，引导用户关注直播间，强调准时开播和直播福利	协助主播引导用户关注直播间	回复用户订单咨询

2. 直播话术

直播话术是指直播过程中主播使用的一系列口头表达和沟通技巧，旨在吸引用户的注意力、提高互动参与度，并有效地传达信息、推销产品或实现其他特定的目的。直播话术可以帮助主播更好地组织语言，引导用户的情绪和行为，增强直播的吸引力和影响力。具体来说，直播话术有以下特点。

（1）有一定专业性。直播话术要体现一定的专业性，包含对产品的全面、深入的介绍。例如，某服装直播中介绍 T 恤面料时，直播话术为"这款 T 恤采用莫代尔面料，这种面料有出色的吸湿能力和透气性，不易褪色、发黄、变皱或缩水，摸起来就像丝绸一样，质感很好"，该话术全面介绍了莫代尔面料的特性，能为用户提供有用的信息。

（2）口语化。直播话术由主播口播，因此不能使用死板的书面语或高深的专业词语，应尽量平实朴素。一款垃圾袋的直播介绍话术如下。

老实说，以前我不喜欢倒垃圾，特别是厨房的垃圾，得先把湿漉漉的垃圾袋系起来，一不小心就会把手弄脏，然后提着垃圾袋，一路走，难闻的液体一路漏，有时还滴到鞋子上，真是难堪死了。

后来有人给我推荐了这款垃圾袋。你别说，从此我争着倒垃圾。因为这款垃圾袋太好用了，它设计了抽拉绳，轻轻一抽就能拿起来，不脏手，而且它有厚度，汤汤水水之类的也不会漏，我再也不用小心翼翼地拎着垃圾袋下楼了。

该话术给人一种贴近生活的感觉，容易让用户产生亲近感和信赖感。如果使用书面语，严肃而正式地介绍"这款垃圾袋采用抽拉绳设计，袋壁做加厚处理，耐撕扯，耐穿刺"，就很难打动用户。

（3）趣味性强。直播话术要生动、有画面感，有时可加入一些幽默十足的段子、网络流行语等，这样不会让用户感到枯燥无味，也能使直播间的氛围更加和谐。某服装网店的直播话术如下。

我先给大家讲一个好玩的段子。一名电工陪女儿买羊毛衫，销售员介绍说："这款羊毛衫质量非常好，而且不起静电。"这时电工熟练地拿出试电笔在毛衣上试了试，结果试电笔发出"滴滴"的声音。销售员只得尴尬地说："没想到今天遇到个专业的！"今天我们直播间的毛衣，宝宝们买回家也可以用试电笔测一测！保证测不出电。

这则话术通过一个幽默的段子来引入产品，比平铺直叙地介绍产品更有趣和有吸引力。

> **经验之谈**
>
> 幽默不等于庸俗、低俗，在追求幽默时要把握好分寸，不能太刻意，否则容易出现用户找不到笑点、直播得不到回应的尴尬局面。

（二）直播文案的写作要点

小艾有一个疑问：直播脚本是表格，而直播话术却是口语化的长句子，直播文案到底要怎么写呢？李经理说，各类型直播文案的差别大，因此直播文案的写作不能一概而论，需要分开来讨论。下面就具体介绍直播脚本、直播话术的写作要点。

1. 直播脚本的写作要点

虽然直播脚本只是对直播的安排，内容中规中矩，但在写作时也需要注意以下几点。

（1）合理规划时间。文案人员应根据直播的目标和主题，合理规划各环节所需的时间，确保每个环节都有足够的时间，并且环节安排不能过于紧凑，避免实际直播时无法调整。

（2）加入互动指示。直播脚本中应加入互动指示，如提问、鼓励评论、要求点赞或分享等，以提醒主播与用户进行互动。

（3）设计丰富的活动。直播脚本中应该设计多种活动，如才艺展示、访谈、游戏互动、抽奖活动、分享活动等，以提升用户的兴趣和参与度。

2. 直播话术的写作要点

直播话术的水平高低直接影响直播间的氛围以及产品的销售效果。文案人员要掌握相关写作要点，写出有吸引力的直播话术。

（1）风格应符合主播人设。直播话术应该根据主播的人设进行差异化设计。

例如，对于具有"专家"或"导师"人设的主播，直播话术应侧重于理性的观点表达，语言要简练，不啰唆、不拖泥带水；而对于具有"豪爽大哥"人设的主播，直播话术应多使用爽快、大气、直白、幽默的语言，多使用俚语、流行语等元素；对于具有"有才华"人设的主播，直播话术应该体现一定的文化内涵，语言表达要精准，词汇要丰富。

例如，央视某主持人参与某公益直播时的直播话术如下。

推荐热干面的话术。漫步东湖畔，黄鹤楼俯瞰，荆楚文化让人赞叹，但不吃热干面让人遗憾。人间烟火气，最抚凡人心。黄鹤楼，长江水，一眼几千年。老汉口，热干面，韵味绕心间。

推荐鱼糕的话术。吃鱼不见鱼，鱼含肉味，肉有鱼香，不管是食品还是大师级的艺术品，就像米开朗琪罗在晚年做出了"未完成的完成"的艺术品，是对自己艺术地位风格的一种超越，不见鱼的鱼同样是大师的意境，糕实在是高！

该话术加入了大量文化、历史元素（黄鹤楼、长江水等），文辞优雅，成功带动了产品销售，并在网络上引起热烈讨论。

（2）要针对目标用户。不同目标用户群体对于直播内容的喜好不同，直播话术中加入目标用户喜好的词汇、段子、文化符号等可以拉近与目标用户的距离。文案人员在写作直播话术前，应该全面了解目标用户的性别、地域、文化背景、口味偏好、消费观念等，有针对性地对直播话术做出相应调整。例如，某直播的目标用户是养宠人士，直播话术中就可以加入他们熟悉的表达，如"贴贴""姨姨""小猫缝缝补补"等，让他们感到亲切。

（3）要把握好节奏。通常一场直播的时间不会太短，文案人员写作直播话术时要注意把握节奏，做到张弛有度，以免用户产生乏味、疲倦的感觉。通常而言，当需要营造热烈气氛时，直播话术要充满激情，可以使用兴奋的语气和一些表示激动情绪的语气词，以充分活跃气氛，如"哇，接下来就是我们的送福利环节了，我们要上架50份××产品，价格你绝对想不到，只要9块9！好紧张啊！家人们，考验手速的时候到了，屏住呼吸倒计时，3，2，1上链接！"。

而当高潮过去，需要舒缓氛围时，可以通过讲笑话、段子或交流家常琐事等来调节气氛，让主播和用户都能得到放松。

任务二　写作直播话术

任务描述

小艾对直播话术尤其感兴趣，好奇很多吸引人的直播话术是如何写出来的。

于是李经理打开一场热门直播，带着小艾一边看一边探究直播话术的写作。

任务实施

（一）写作直播开场话术

正好直播刚刚开始，主播正在流利地进行自我介绍，直播间氛围很好。李经理说这要归功于直播开场话术。好的直播开场话术可以帮助主播在直播开场时快速营造出热烈的氛围，让用户对直播产生期待，并提升用户参与感。通常，直播开场话术包括开场白、利益预告话术和引导关注话术。

1. 开场白

好的开场白能让用户感到亲切，让用户产生继续观看的欲望。一般来说，直播开场白主要包括以下内容。

（1）主播自我介绍。用户不一定都认识主播，因此在开场时主播可以先做一段自我介绍，这有助于打造主播人设，加深用户对主播的印象。自我介绍要找准主播的特点（如有才艺或搞笑等），用语尽量生动一些。以下是几类主播的自我介绍。

才艺主播：大家好，欢迎大家来到××直播间，我是今天的主播××，我吹拉弹唱样样强，还有一身正能量！感谢大家前来捧场！

搞笑主播：欢迎小哥哥小姐姐走进我的直播间，走过路过不要错过，我是××，我的直播间一定能让你开心和快乐，我还给你们准备了惊喜小礼物，记得锁定我的直播间哦。

（2）调动气氛。直播开场的最终目的是调动用户的情绪，营造热烈的直播氛围。因此直播开场白可以热情地与用户互动，引导用户参与直播，例如"欢迎各位朋友来到我的直播间，新朋友扣1，老朋友扣2，刷刷弹幕让我看到你哦"。

2. 利益预告话术

在直播开场时告诉用户观看直播能得到的利益可以吸引用户继续观看。主播可以围绕以下几点来预告直播带给用户的利益。

（1）福利预告。发放福利的形式很多，如送礼品、发红包、发优惠券、抽奖等。介绍福利时要留有悬念，如发放时间不定、奖品保密等，吸引用户持续关注。相应的话术可以是"大家好，欢迎大家来到我的直播间。上次直播的效果非常好，为了感谢大家的支持，今天专门给大家准备了××福利，会在直播中不定时地发放给大家，大家一定要留在直播间，过了时间就不会补发了哦！"。

（2）优质内容预告。用户观看直播除了购物，还希望看到有价值的内容，如关于产品使用方法的讲解等，因此主播在直播开场时可以对相关内容进行简单预告，说清楚内容主题、主讲人即可，如"大家好，欢迎来到我的直播间。今天的直播我们有幸请到了 ×× 来为我们讲解 ××，教会大家如何 ××××，内容全是干货，千万不要错过"。

（3）产品优惠预告。购买优惠产品是用户观看直播的主要目的之一，主播在直播开场时预告产品有较大优惠，能有效调动用户的观看积极性。写作相关的话术时要营造低价促销的氛围,并制造紧张感，如"欢迎大家来到 ×× 直播间，今天是品牌大促活动，产品的价格绝对低到超乎你们的想象，赶紧找个网速快的地方，准备下单吧！"。

3. 引导关注话术

引导关注话术能够帮助主播把观看直播的用户发展为直播间的粉丝，具体可以通过奖品吸引和利益诱导来实现。例如，"刚进直播间的朋友们，记得点左上角关注直播间哦！我们 10 点整就要抽奖啦,只有关注的朋友才能参与""欢迎大家进入直播间，大家帮主播点点关注，粉丝数破 ×× 我们就发大红包哦！"。

👤（二）写作产品介绍话术

接着，主播开始介绍产品。李经理注意到主播介绍产品时十分有吸引力，提示小艾注意主播的产品介绍话术。产品介绍话术是直播话术的重要组成部分，要想把产品介绍得生动、有吸引力，进而引导用户产生购买行为，需要事先写好产品介绍话术。

1. 产品介绍话术的内容

产品介绍话术主要由产品介绍、价格优势和使用场景等部分组成。产品介绍可以围绕产品成分 / 原料、功能、外观设计、使用方法等展开，价格优势主要是强调直播间的价格优惠，使用场景是指产品可以由何人在何时、何地使用，怎么用，等等。以下为介绍某款酸奶坚果燕麦片的话术。

产品介绍:这款燕麦片是由燕麦、酸奶块、玉米片、巴旦木等搭配而成的,营养丰富,冲泡也简单,加上一杯热水,搅拌均匀就能喝了,口感绵密,非常美味。

价格优势:这款燕麦片在线下超市的日常价是 19.9 元,今天直播间两袋只要 16.9 元，比买一赠一还要划算。

使用场景:这款燕麦片非常适合上班族，买一袋放在办公室，来不及吃早餐的时候冲一杯，方便卫生又不饿肚子，还能补充身体所需营养。

上述内容只是产品介绍话术的必备内容，产品介绍话术还可以包括对品牌、购买方式（如领券后下单，备注××信息等）、快递方式（如顺丰包邮）、售后服务（如7天无理由退货）等内容的介绍。

2. 产品介绍话术的写作技巧

产品介绍话术的目的是促使用户下单，这要求话术具备较强的说服力。写作产品介绍话术可以使用以下技巧。

（1）使用FAB法则。FAB法则不仅可以应用于提炼产品卖点，还可以用于写作产品介绍话术，即介绍产品具有某种属性（F），因此具有某种优势（A），从而带来某种益处（B）。使用FAB法则写作的产品介绍话术如表8-3所示。

表8-3　使用FAB法则写作的产品介绍话术

产品	使用FAB法则写作的产品介绍话术	普通话术
连衣裙	这款连衣裙的衣领是撞色翻领Polo领，V形（属性）可以修饰脸型（作用），显得脖颈修长、脸小（好处）	这款连衣裙的衣领设计很特别，是这种撞色翻领Polo领，特别好看，穿出门回头率很高
裙子	这款裙子的面料为针织棉，整体质感偏厚重（属性），有一定防凉效果（作用），如果在室内有冷气的地方穿，是非常适合的（好处）	这款裙子的面料主要是针织棉，要厚一些，夏天室内开了冷气，穿着不会热

（2）善用对比。对比是一种突出产品优势的好办法。通过对比，可以让用户对产品卖点或效果有一个直观的认识。产品对比一般有与同类产品对比、使用前后对比两种方法，相关话术示例如下。

与同类产品对比：与传统玻璃瓶装的蚝油相比，我们的这款蚝油是挤挤瓶，使用时轻轻一挤就好，再也不用费劲地甩瓶子，还能精准控制用量。

使用前后对比：这条毛巾上面全是油渍，这些油斑、油点，要是平时，我可能手搓半天都洗不掉，现在我拿这款清洁剂直接往上面喷，看到没有？油渍马上就开始溶解了，就是这么简单、这么快。

（3）产品举证。主播单方面的介绍不一定能让用户信服，因此产品介绍话术中还有必要加入产品举证的内容，即出示证明来佐证产品靠谱，通过提供具体的证据和案例来增强说服力。常见的产品举证话术如表 8-4 所示。

表 8-4 产品举证话术

序号	举证类型	话术
1	社交平台上用户的好评	这款面霜在小红书上得到了大量好评，来，我跟大家分享几条："很大一瓶，用起来很舒服""每晚涂一点，一段时间后状态好了很多，太惊喜了！""十分耐用，性价比很高，强烈推荐！"
2	客观的数据、研究结果	这款产品在我们直播间已经卖了 15 万把。淘宝店的产品评分高达 4.9 分，好评率高达 99%！
3	权威机构的证书	来，给大家看一下这款产品获得的由 ×× 机构颁发的质量检测证书。这个证书可不是随便就能拿的哦，产品要经历一系列非常严格的测试和评估，所以说，这个证书可以说明我们产品的质量是绝对有保障的，大家完全可以放心购买
4	名人的言行	这款大衣和 ×× 街拍照片中的大衣是同款，你想想，连 ×× 都喜欢的衣服，能不好看吗？
5	主播本人使用经历	这款面膜大家放心买，我也一直在用这款产品，已经用了至少 10 盒了，我用了觉得好才给大家推荐的，给大家看看我的购买记录

动手做

产品举证话术连线题

请在左右两列中相匹配的两项间连线。

（1）这个抽纸帮我买一下啊，我用了 5 箱多了，每次搞活动都要囤一些。　　　　　　A：名人言行

（2）这款行李箱是经典热销款，目前已经卖出了 5 万个，光是上次直播就卖了 5000 个！　　　　　B：主播本人使用经历

（3）大家看了 ×× 刚发的照片了吗？这个水壶她也在用。　　　　　C：客观的数据

（4）营造场景感。营造场景感的常用方法是描述一个使用产品的画面。例如，介绍香薰的话术："点上这款香薰的感觉，就像穿着白纱裙在海边漫步，享受着温柔的海风的吹拂，空气中充满了夏日阳光的味道。"该话术将看不见、摸不着的嗅觉描述为在海边漫步的感受，能激发用户联想，进而产生购买冲动。

写作相关话术时，要注意以下几点。

① 语言要生动形象，多描述细节。例如，介绍煎饺的话术："当高汤渗入外皮后，味道会变得更香。内馅呢，软得像要融化似的，咬一口，满嘴都是鲜汁。辣中带点微微的麻感！"其从视觉、嗅觉、味觉等角度描述了各种细节，比单纯地说"外皮很脆，内馅有很多汤汁，还有一点辣味，很好吃"更有画面感，更能激发用户的食欲。

② 多用动词，少用形容词。动词具有极强的表现力，运用得当可以使文案更具吸引力，而形容词（如"好吃""好用""专业"等）则容易显得空洞、抽象。例如，介绍自热鞋垫的话术"鞋子里像装了一个火炉，恒温 40 摄氏度，从此脚下踩着一个小太阳"，使用"踩"这样的动词，比单纯使用形容词来介绍"自热效果很好，脚底暖暖的"更有画面感。

> 🖐 **动手做**
>
> ### 改写话术营造场景感
>
> 请完成以下操作。
>
> （1）将话术"这个蓝牙耳机的电池容量很大"改为用动词描述的话术。_____。
>
> （提示：可以用动词描述充电后使用蓝牙耳机的画面。）
>
> （2）为话术"这款汽水是海盐味的，很清新，特别适合在夏天喝"增加感官方面（如味觉、嗅觉等）的细节描述，使其更生动、有画面感。
>
> _____
>
> _____。
>
> （提示：可以描绘汽水气泡翻腾、气味如海风般清新、口感冰爽刺激。）

👤 （三）写作互动话术

小艾注意到，主播在直播过程中会时常向用户提问，让用户与自己互动。李经理说互动是直播不可或缺的环节，互动话术也十分重要。所谓互动话术，是指主播为了在直播过程中避免冷场，积极引导用户互动，使直播间始终保持活跃氛围的话术。互动话术可以分为以下几种。

1. 发问式互动话术

发问式互动主要是通过向用户提问来与用户互动，问题往往是开放式的，用户可以畅所欲言，如"小伙伴们喜欢什么面料的连衣裙？评论区留下你们的答案""大家今年囤了哪些东西？快刷一波弹幕告诉我"等。写作这类话术时，要注意以下几点。

（1）问题清晰明了。问题要简明扼要，容易理解，让用户只需输入一两个字就可以回答。

（2）积极引导互动。发问后要使用简洁明了的指令引导用户在评论区回答问题，如"欢迎大家在评论区发表意见"。

（3）发问方式多样化。重复使用相似的问题容易让用户厌倦。文案人员要多准备几个版本的发问式互动话术，便于主播在直播过程中不断变换发问的方式，以保持用户的兴趣和参与度。如下是旅行主题的不同发问式互动话术。

我想知道大家最难忘的一次旅行是去了哪儿，能在评论区分享一下吗？

有没有一次旅行经历让你至今仍在怀念？有的请在评论区告诉我。

大家去过的地方中，肯定有一个让你心心念念，是哪里呢？快发弹幕告诉我。

2. 选择式互动话术

选择式互动话术就是抛出一个选择题，让用户在给出的选项中进行选择。这样的互动方式简单直接，不需要用户过多思考，参与门槛低。例如，"这款果冻，喜欢 ×× 口味的刷 1，喜欢 ×× 口味的刷 2""想让主播试左手这支口红的刷 1，试右手这支口红的刷 2"。写作选择式互动话术时，需要注意图 8-1 所示的几点。

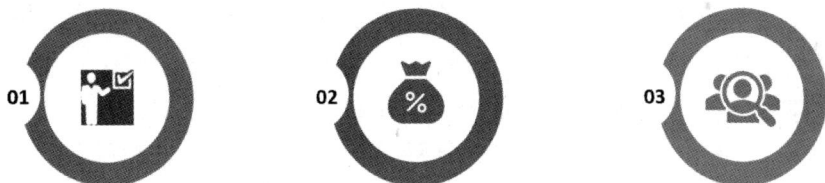

01	02	03
选项要准确、无歧义，内容不能有重合	尽量使用"刷1""刷2"这样简单的方式减小用户的操作难度	选项最好不要超过3个，以免用户记不住

图8-1　选择式互动话术的写作要点

3. 刷屏式互动话术

刷屏式互动话术是通过引导用户刷屏来营造热闹的直播氛围，如"想要的宝宝在弹幕上刷'想要'"等。写作此类话术时，需要注意以下几点。

（1）尽量选择与直播主题相关、用户感兴趣的话题。

（2）可以要求用户就与直播主题相关的内容刷屏，如"×× 品牌大促直播""夏日穿搭课堂"等，让刚进直播间的用户看到。

4. 点名式互动话术

用户进入直播间时，主播可以直接招呼用户，说出用户的名称，与其一对一互动，这可以让用户感觉受到重视，增强用户的参与感，如"×× 宝宝进来了，欢迎欢迎！×× 宝宝是老朋友了，每次主播看到你的身影都很感动""今天来了一位新朋友，亲爱的 ×× 宝宝。大家在我的直播间相遇就是缘分，×× 宝宝和大家打个招呼吧"。

> **素养小课堂**
>
> 中央文明办、文化和旅游部、国家广播电视总局、国家互联网信息办公室联合颁布的《关于规范网络直播打赏 加强未成年人保护的意见》规定，"禁止未成年人参与直播打赏"，因此主播不得在话术中暗示、诱惑、鼓励未成年人"打赏"。文案人员在写作直播文案时也要积极传播正能量，引导树立正确的价值观。

（四）写作留人话术

直播开始后 20 分钟左右时，主播说半小时后会抽大奖，要大家一定留在直播间。小艾很兴奋，告诉李经理怎么也要在直播间留到抽奖。李经理说，主播的这番话属于留人话术。所谓留人，就是要留住直播间里的用户。根据平台的推荐算法，通常直播间人越多，互动率越高，系统给直播间分配的流量就越多。主播要想将用户留在直播间，可以使用一些留人话术。

留人主要是通过预告福利。预告福利不仅可以用在直播开场，也可以贯穿整个直播活动。主播可以每隔 5 ~ 10 分钟就提醒用户接下来有哪些福利，如抽奖、送红包、送礼品等，以吸引用户的注意力，这样用户往往就会为了获取福利而留在直播间。相关的留人话术如"家人们，12:00 我们会给大家发大红包，大家一定要留下来哦""宝宝们，8:30 我们有抽奖活动，9:30 还有神秘福利哦！"。

（五）写作引导下单话术

主播正在介绍一款收纳盒，小艾觉得自己需要这款产品，正在犹豫买不买，便听到主播强调这款产品在直播间价格优惠了一半，还送各种赠品，而且只上架 100 个。小艾于是连忙下单。李经理说小艾是被主播的引导下单话术打动了。引导下单话术主要通过打消用户顾虑、制造稀缺感和紧迫感等，引导用户主动下单。

1. 打消用户顾虑

直播间的产品是用户虽然看得到却摸不到的，因此在下单前，用户心里难免会有顾虑。一般来说，用户的顾虑会通过其提的问题显示出来。例如，某服装主播正在介绍连衣裙，用户可能会提问："这款连衣裙的图片与实物会不会有色差呢？"那么在设计引导下单话术时，就应当打消用户关于色差的顾虑，如"×× 小伙伴，我们直播间并没有使用滤镜，但是因为拍摄环境和显示器色彩饱和度的原因，可能有一些色差。不过，这种色差非常小，你可以放心下单！收到货后，如果你认为色差很大，我们可以为你免费退换的"。

2. 制造稀缺感和紧迫感

制造稀缺感和紧迫感是利用用户"怕买不到"的心理，促使用户快速下单。其具体方式包括强调购买时间、购买数量。

（1）强调购买时间。例如："宝宝们，这款包包是 ×× 品牌的经典款，现在直播间低价促销——199 元！给大家 2 分钟时间，错过这次，就没有这么好的机会了。"

（2）强调购买数量。例如："宝宝们，这款衬衣非常流行，直播间只有 100件，卖完就没有了，补不了货。所以千万不要犹豫，买到就是赚到！"

> **经验之谈**
>
> 根据相关法规和直播平台的规定，使用"限时""限量"类用语时要谨慎，后面要加具体时间、数量，如 2 小时、200 件等，尽量使用同义的不同表述，如只有 2 分钟或 200 件等。

3. 价格对比

很多用户在直播间购买产品都希望自己买到性价比高的产品，因此文案人员在设计引导下单话术时，可以通过将产品日常价格、线下门店价格等与直播间优惠价格进行对比，来说明优惠幅度大，如"天猫旗舰店的价格是 79.9 元一瓶（日常价格），今天在我们直播间，79.9 元直接带走两瓶，相当于第二瓶不要钱。此外，我再送你们一个价值 49 元的化妆包，真是太划算了"。

> **动手做**
>
> **补全引导下单话术**
>
> 请在横线上填入内容，补全引导下单话术。
>
> （1）强调购买时间：_____，没有下单的小伙伴赶紧下单。
>
> （2）强调购买数量：_____，先到先得，就看谁的手速快了。
>
> （3）价格对比：这款产品在线下专柜的价格是99元一瓶，今天我们给大家送福利，_____。

（六）写作直播结束话术

不知不觉，直播已经接近尾声，主播开始总结整场直播，并向大家预告下一场直播的时间和主题。李经理说这些属于直播结束话术，用于表达感谢、总结直播并预告下一场直播等。具体来说，直播结束话术可以包括以下几方面的内容。

（1）表达感谢。首先，向用户表达真诚的感谢，感谢他们的参与和支持，如"还有 × 分钟就要下播了。非常感谢大家今天的陪伴和参与，没有你们的支持，我们的直播不会这么精彩"。

（2）总结亮点。回顾直播中的亮点和重要信息，再次强调产品或主题的关键点，如"在这次直播中，我们向大家介绍了夏季穿搭的技巧，希望大家都能美美地度过夏天"。

（3）提醒行动。再次提醒用户采取某种行动，如购买产品、关注直播账号或参与活动等，如"喜欢主播的朋友可以点点关注，这样明天主播开播你们就能第一时间收到提醒啦""最后几分钟了，没下单的宝宝赶紧下单，下播了就没有这样的优惠了"。

（4）鼓励互动。鼓励用户留下评论、提问或分享他们的想法和体验，如"大家还有什么想要的产品，可以在粉丝群里留言，我们会非常认真地为大家选品，下次直播推荐给大家"。

（5）预告下一场直播。告诉用户下一场直播的主题、产品与福利，激发用户的兴趣和期待，如"我们的下一场直播是 × 月 ×× 日，也就是星期 × 的晚上 8:00，届时我们会为大家带来我们的零食专场，价格都特别优惠，喜欢零食的宝宝们一定不能错过哦"。

> **素养小课堂**
>
> 根据国家广播电视总局、文化和旅游部联合印发的《网络主播行为规范》，"网络主播应当引导用户文明互动、理性表达、合理消费，共建文明健康的网络表演、网络视听生态环境"；"网络主播应当按照规范写法和标准含义使用国家通用语言文字，增强语言文化素养，自觉遏阻庸俗暴戾网络语言传播，共建健康文明的网络语言环境"。这些也是对直播话术的要求，文案人员要牢记这些规定，并增强自己的思想觉悟，致力于通过直播话术传递正能量。

同步实训 为农产品直播写作直播话术

实训描述

某直播间打算开展一场农产品专场直播，由小琪担任主播。小琪是资深农产品主播，主打阳光爽快的农村妹子人设。直播时准备推销多款农产品，其中重点产品是 ×× 牌长粒香米。该大米产自黑龙江黑土区（土壤肥沃），采用人工种植方式，施农家肥，加工工序有 28 道。该大米外观饱满透亮、口感软糯香甜，拥有 ×× 机构颁发的证书。大米一袋为 5kg，网上旗舰店日常价格为 59 元，直播间 3 袋 90 元，还加送一个大米收纳盒，上架数量为 200 袋。

请同学们为该场直播写作直播话术，包括直播开场话术、产品介绍话术（针对长粒香米）、引导下单话术（针对长粒香米）以及直播结束话术。

操作指南

本实训需要分别写作不同类型的直播话术，具体步骤如下。

步骤 01 写作直播开场话术。直播开场话术主要是主播的自我介绍和一两句利益预告。主播的自我介绍除了向用户问好外，还要突显主播的特点和人设，如主播是农村妹子，专注于农产品直播，等等。写作时要模仿爽快农村妹子的口吻，语气要活泼，表达要口语化，可以适当开玩笑、加入语气词。而利益预告只需要简单说明有超多福利，引发用户期待。

参考示例： 大家好，我是小琪，欢迎来到我的直播间。我是个地道的农村妹儿，打小就在谷子堆、苞谷堆里摸爬滚打，我晓得哪些农产品好。所以我发挥我的专长，通过直播间给大家分享优质的农产品。今天我依然会为大家带来超多惊喜，大家千万要蹲守在直播间哦！

你写作的： _____

_____

_____

_____

步骤 02 写作产品介绍话术。产品介绍话术可以使用FAB法则写作，其中属性（F）部分直接介绍大米的种植地和加工方式等属性；优势（A）部分可以突出大米饱满透亮、有清香的优势，描述时可以使用比喻、拟人等修辞手法使语言更生动，如描述大米饱满透亮可以将大米比作钻石；益处（B）部分则需要借助场景化的展示（如现场展示煮熟大米）表现大米的益处——口感好，但不能抽象地夸奖口感好，要使用大量细节描述，如吃起来软糯回甜等。此外，还可以通过表现主播品尝米饭后的夸张反应来突出米饭好吃，描述时要多用动词（如"干一碗"）。最后还可以加上产品举证部分，用主播自身的购买经历以及产品获得的证书来说明产品值得购买。

项目	参考示例	你写作的
属性（F）	大家平常吃的是哪种大米啊？今天我给大家推荐一款厉害的，产自黑龙江的大米——××牌长粒香米。它的种植基地在我国的黑土区，大家都知道黑土区的土壤非常肥沃，很适合稻谷的生长。而且它采用的是人工种植，施用的也是农家肥，出厂前还经过了整整28道工序的精细加工	
优势（A）	这么好的土壤和气候环境，还有天然的种植和加工方式，让这款大米长得壮壮的。看嘛，颗粒饱满，晶莹剔透，远看还以为是一颗颗小钻石，还没煮，就能想象到有多香了	
益处（B）	我提前煮了一锅大米，煮的时候直播间都是一股米饭香。这一碗是我刚刚盛起来的米饭，给大家看看，大米煮之后看起来非常松软。再替大家尝一尝，刚入口会觉得很软糯、顺滑，慢慢嚼会感觉舌尖上有颗粒在慢慢融化，释放出微微的甜味！哎呀，这个米太好吃了，我去夹点泡菜，就着泡菜我都能干一碗，哈哈	
产品举证	这款大米大家放心买，我自己都回购好几次了，越吃越香。而且它还有证书的哦，看，××机构的检测报告，安全性肯定是没有问题的	

步骤 03 写作引导下单话术。引导下单话术分为两方面，分别是价格对比和强调稀缺性。价格对比可以将直播间价格与网上旗舰店日常价格对比，并替用户算账，即便宜了多少，最后强调送大米收纳盒，给用户额外惊喜；强调稀缺性可以直接说明上架数量只有200袋，卖完不补。

参考示例： 这款大米平时在官方旗舰店卖59元一袋，今天在小琪的直播间，每袋不要49元，也不要39元，3袋一共90元！几乎相当于打5折！还没完，拍下还送一个大米收纳盒。准备好哦，我们只上架200袋，卖完就没有了，所以大家手速一定要快！来，3，2，1，上链接！

你写作的： _____

_____

_____

_____

_____。

步骤 04 写作直播结束话术。直播结束话术可以首先真诚地向用户表示感谢，然后提醒用户关注直播账号，最后预告下场直播。写作时可以使用活泼的语气，加入与用户互动的话语，拉近与用户的距离。

参考示例： 还有5分钟小琪就要下播啦，感谢家人们的陪伴，今天大家的战果如何？买了几件好货？来，弹幕里刷一波。记得关注小琪的直播间哦，粉丝数破×万再给大家发大红包，哈哈。小琪的下一场直播时间是 × 月 ××日，星期 × 晚上8:00，偷偷给家人们透露，到时会上大家催了很久的××产品，一定要准时来直播间哦。

你写作的： _____

_____

_____

_____

_____。

💬 **实训评价**

同学们完成实训操作后，提交写作的直播话术，老师据此按表8-5所示内容进行打分并点评。

表 8-5　实训评价

序号	评分内容	总分	老师打分	老师点评
1	写作的直播开场话术是否突出主播人设，是否能吸引用户观看	20		
2	写作的产品介绍话术是否生动、有画面感，能否展现产品优势、益处，并吸引用户	40		
3	写作的引导下单话术是否能促使用户下单	20		
4	写作的直播结束话术是否完整，是否帮助直播圆满结束	20		

总分：＿＿＿＿＿＿＿＿

范例分析　一场直播的精彩话术

某场直播取得了很大成功，不仅销量有所突破，而且用户参与积极性很高，观看时间很长。通过复盘发现，该场直播的话术十分精彩，这是成功的关键因素之一。下面从以下几个方面对其进行分析。

1. 积极调动用户感官

该直播中介绍产品的话术十分注重调动用户的感官，通过生动形象的描述让用户产生身临其境的感觉。例如，介绍香水的气味的话术"是那种紫红葡萄再加柑橘的汁水碰撞在一起的味道，你喷出来的不是香水，是汁水"，将无形的嗅觉形象地描述为水果汁水碰撞在一起的画面，动感十足，也能很好地激发用户的想象力；又如介绍床垫的话术"睡在这张床垫上，就像睡在云朵上一样，睡上去都醒不过来的那种"，将床垫比作云朵，生动地表现了床垫的柔软，很好地将触觉通过语言描述了出来。

2. 制造紧迫感

该场直播话术中有不少制造紧迫感的内容，主要是通过与上架节奏相配合来引导用户下单。直播间上架每款产品时会分 3 ~ 4 次，每次上架的产品销售完以后再补货。例如，某款产品备货 1 万件，第一次上架 3000 件，卖完后再上架 4000 件，又卖完后再接着上架……与此同时，相配合的直播话术会通过类似"倒计时"的方式来播报剩余的产品数量，如"还剩 500 件，女生们快下单""最后 20 件""卖完就没了"等，以此来制造紧迫感，促使还在犹豫的用户赶紧下单。

3. 放大价格优势

在介绍产品价格时，直播话术会通过价格对比的方式来放大价格优势：首先报出产品在线下专柜或线上旗舰店的原价，再说出直播间的优惠价格，最后承诺送超值赠品，给用户物超所值的感觉。例如，"这款 A 洗面奶，他们家旗舰店卖 270 元，我们直播间卖 199 元。另外，买一支 A 洗面奶，送一支正装 B 洗面奶，买一送一"。

此外，直播话术中还使用了替用户"算账"的技巧，如"买 30 毫升，我们送 1 个、2 个、3 个、4 个 7.5 毫升的小样！另外我们直播间再加送一支洁面乳，整套下来相当于打了 3 折！"。这样算账后，用户就能直观地意识到赠品的价值以及最终的折扣，觉得很划算。

4. 构建场景

该直播的很多话术擅长利用场景引导用户的需求，在介绍产品时会将产品放到具体的场景中，带着用户进入这些场景中，让用户觉得在这个场景下确实有必要使用这款产品。

例如，介绍驱蚊贴的话术"小朋友晚上出去玩，家长把这个贴在小朋友的袜子上，可以避免蚊子叮咬小朋友的小腿"，就把驱蚊贴放在了小朋友晚上出去玩的具体场景中，让家长意识到自己确实有这方面的需求。

又如介绍帽子的话术"如果你下楼买菜的时候懒得化妆，戴上这个帽子就好了"，一下就让用户明白帽子的实用之处。

5. 运用对比

介绍产品时还常使用对比手法，如"涂上去真的很水润，比敷 10 张面膜的效果还要好"，借助一个用户熟悉的参照物来说明产品的特点，更容易使用户理解。

6. 用个人使用经历做担保

为了增强说服力，介绍产品的话术通过讲述主播自身经历来证明产品的效果，如"去年'双十一'活动期间，我忙到简直要飞起来，每天只睡一两个小时，皮肤变得很蜡黄。那时选品正好选到它，我用了一片后，第二天早上醒来皮肤超级嫩，真的让我特别惊喜。现在我只要休息不够好，就会用上一片"。这样的话术会让用户觉得主播与自己一样都是用户，站在同一个立场，因而就更相信主播推荐的产品。

课后习题

1. 单选题

（1）下列话术风格与主播人设不匹配的是（　　　）。

    A. "专家"人设的话术理性、简练

    B. "朴实"人设的话术平实、生活化

    C. "豪爽大哥"人设需要体现幽默、大气

    D. "才子/才女"人设的话术要煽情、情绪化

（2）以下不属于直播间主播引导用户下单话术设计要点的是（　　　）。

    A. 打消顾虑，提升用户信任度   B. 夸大卖点

    C. 价格对比   D. 制造稀缺感和紧迫感

（3）以下哪项属于选择式互动话术？（　　　）

    A. 家人们平时喜欢什么色号的口红？

    B. 家人们选择这款产品吧，好用！

    C. 大家护肤过程中有哪些问题可以打在弹幕上。

    D. 想要主播讲解这款面膜的扣1，讲解这款面霜的扣2。

2. 多选题

（1）写作产品介绍话术的技巧有（　　　）。

    A. 使用FAB法则介绍产品   B. 产品举证

    C. 善用对比   D. 虚夸卖点

（2）下列属于直播开场话术的有（　　　）。

    A. 开场白   B. 利益预告话术

    C. 选择式互动话术   D. 引导关注话术

（3）以下各项中属于产品举证话术的有（　　　）。

    A. 这个牛排我也要多买几盒，我们一家都爱吃，还要送给朋友

    B. 这件大衣是××同款

    C. 宝宝们，这款衬衣还剩100件，卖完就没有了哦

    D. 马上下播了，非常感谢大家今天的陪伴和参与

3. 判断题

（1）直播话术要使用书面语，这样显得专业。（　　　）

（2）要营造场景感，可以多使用形容词。（　　　）

（3）要制造稀缺感和紧迫感，可以夸大产品原料的稀缺性。（　　　）

（4）刷屏式互动话术主要通过引导用户刷屏来营造热闹的直播氛围。

（　　　）

项目总结

写作直播文案
- 认识直播文案
  - 直播文案的分类 ⊖ 直播脚本、直播话术
  - 直播文案的写作要点 ⊖ 直播脚本要合理规划时间、加入互动指示、设计丰富的活动；直播话术风格应符合主播人设、针对目标用户、把握好节奏
- 写作直播话术
  - 写作直播开场话术 ⊖ 开场白、利益预告话术、引导关注话术
  - 写作产品介绍话术 ⊖ 产品介绍话术的内容、写作技巧
  - 写作互动话术 ⊖ 发问式互动话术、选择式互动话术、刷屏式互动话术、点名式互动话术
  - 写作留人话术 ⊖ 预告福利
  - 写作引导下单话术 ⊖ 打消用户顾虑、制造稀缺感和紧迫感、价格对比
  - 写作直播结束话术 ⊖ 表达感谢、总结亮点、提醒行动、鼓励互动、预告下一场直播